科 普 知 识 馆

神奇的博物馆

潘秋生 编著

航空工业出版社
北京

内 容 提 要

一座博物馆就是一部物化的发展史，本书通过精美的图片和广博的历史、地理、人文知识，为读者图文并茂地解读遍布世界各大洲的知名博物馆和其馆藏珍品背后的精彩故事，带领读者品味其中蕴含的丰富民族文化内涵，体会人类历史发展的伟大历程。本书是历史、艺术等爱好者了解博物馆的最佳读本。

图书在版编目（CIP）数据

神奇博物馆 / 潘秋生编著. -- 北京：航空工业出版社，2018.1（2022.4重印）

ISBN 978-7-5165-1419-1

Ⅰ.①神… Ⅱ.①潘… Ⅲ.①博物馆－文物－世界－通俗读物 Ⅳ.①K86-49

中国版本图书馆CIP数据核字(2017)第307780号

神奇博物馆

Shenqi Bowuguan

航空工业出版社出版发行

（北京市朝阳区京顺路 5 号曙光大厦 C 座四层　100028）

发行部电话：010-85672688　010-85672689

三河市新科印务有限公司印刷　　全国各地新华书店经售

2018 年 1 月第 1 版　　2022 年 4 月第 3 次印刷

开本：710 × 1000　1/16　　字数：110 千字

印张：10　　定价：45.00 元

前　言

博物馆就如同人类历史的收纳箱，将过去的故事珍藏保存。陈列于博物馆内的文物向人们展示着人类走过的路程，人们通过这些文物，穿越时空的阻隔，遍览着历史的风风雨雨。因此，从某种角度上说，一座博物馆就是一部物化的发展史。

博物馆一词由希腊文的“缪斯”演变而来，它最初萌发于人们的收藏意识。在4000多年前，埃及和美索不达米亚的统治者就注意寻找收藏珍品奇物。公元前4世纪，马其顿的亚历山大大帝在建立地跨欧亚非大帝国的军事行动中，搜集和掠夺了来自世界各地的艺术珍品。亚历山大去世后，他的部下托勒密·索托继续南征北战，收集来更多的艺术品。公元前3世纪，托勒密·索托在埃及的亚历山大城创建了一座专门收集文化珍品的缪斯神庙，这座神庙被公认为是人类历史上最早的“博物馆”。

后来，博物馆在适应社会发展的漫长历程中，成为多职能的文化复合体。它已不仅仅是起到收藏作用，更成为陈列和研究代表人类文化遗产的实物场所，成为为公众提供知识、教育和欣赏的文化教育基地。20世纪70年代，国际博物馆协会将公益性定为博物馆的首要职责，现在许多国家的博物馆都属于非营利的永久性机构，对公众开放。

本书将带领读者一同走进世界各地最具知名度和趣味性的博物馆，通过与博物馆珍品的近距离接触，探寻宝藏背后的故事，品味其中蕴含的丰富文化内涵，梳理历史发展的伟大历程。

目录

第一章　欧洲卷

第二章　美洲卷

第三章　非洲卷

第四章　亚洲卷

第一章

欧洲卷

欧洲是一个有着悠久历史和文明史的大洲，它引领了世界工业革命的潮流。即便现在，它也仍是先进工业、时尚潮流的引领者。遍览欧洲的著名博物馆，我们不仅能体会到欧洲的现代，也能体会到欧洲的古老，体会到欧洲光辉灿烂的文明。

卢浮宫博物馆
——法国

卢浮宫，是世界上最古老、最大、最著名的博物馆之一。位于法国巴黎市中心的塞纳河边，始建于1204年，历经800多年扩建、重修达到今天的规模。卢浮宫的藏品有闻名世界的三宝：《维纳斯》雕像、《蒙娜丽莎》油画和《胜利女神》石雕。

博物馆概况

1793年8月10日，第一批参观者走进卢浮宫时，立刻被炫耀人眼的众多珍藏品所倾倒，卢浮宫用自身的魅力，征服了所有的参观者。

“游欧洲，不能不到巴黎；游巴黎，不能不到卢浮宫”。位于法国巴黎塞纳河畔的卢浮宫，是世界知名度最高的一座艺术博物馆。它以其灿烂辉煌的历史、丰富

▼卢浮宫，是世界上最古老、最大、最著名的博物馆之一，它的整体建筑呈“U”形，分为新、老两部分，老的建于路易十四时期，新的建于拿破仑时代。宫前的金字塔形玻璃入口，是华裔建筑大师贝聿铭设计的，现在这个入口已成为卢浮宫的标致性建筑之一。

珍贵的文物而著称于世。它不仅是法国文化传统的象征，也是世界传统文化的代表。

卢浮宫始建于13世纪，原本是法王菲力浦奥古斯特的城堡，16世纪前半期，法兰西斯一世开始把它改建为文艺复兴式的宫殿。后来，又经过亨利四世、路易十三、路易十四和拿破仑三世的屡次改造，才完成了卢浮宫的现存建筑。它的总面积达19.7万平方米，可展面积达4.5万平方米。饱经沧桑的卢浮宫见证了法兰西王朝的兴盛与衰亡。

展厅展示

卢浮官的收藏就是一部活化的艺术史，它包括了古埃及、古代东方各国、古希腊、古罗马的文化艺术作品，也包括了欧洲中世纪和文艺复兴时期的文化艺术作品，还陈列有法国、意大利、西班牙、荷兰和英国的绘画杰作。充分地体现了人类历史的源远流长和世界文化的光辉灿烂。人们在这里除了品味其收藏品的艺术魅力外，还获得了丰富的百科知识。

从法兰西斯一世开始到路易十四，这座宫殿的主宰者们，不断地为卢浮宫增添宝藏。尤其是被称为“太阳王”的路易十四更是艺术品的收藏爱好者，他在卢浮宫居住了17年，买下了几乎所能买到的欧洲各派的名画，如拉斐尔的《巴达萨列·卡斯提尼奥尼肖像》，卡拉瓦乔的《圣母之死》、《卜者》，提香的《戴手套的青年》等。之后，拿破仑用坚船利炮把所有被征服国家最好的艺术品都运进了卢浮宫。其中包括拉斐尔的《圣母的婚礼》、乔·凡尼的《圣母哀子像》等。在拿破仑的影响下，法国的外交官、教士、商人源源不断地把搞到手的埃及、希腊、意大利、波斯、巴比伦的文物，塞进卢浮宫里。所以，今天卢浮宫的藏品总数达到40万件之多。

现在的卢浮宫包括古希腊、罗马艺术馆，古代东方艺术馆，古埃及艺术馆，欧洲中世纪、文艺复兴和近代艺术雕刻馆，历代绘画馆和美术室等6个部分。每个部分都是一个独立的博物馆。在这里，人们可以看到从古到今许多艺术大师的作品，从古埃及、古希腊、古罗马以及波斯帝国等东方文明古国的艺术品，到中世纪文艺复兴时期的代表作，尤其是法国古典主义、浪漫主义、印象主义和现代派所有著名大师的作品，几乎全部收藏于此。

古代东方艺术馆对世界学术界的贡献极大，这里储藏的古物是最多的，达8万多件，古文物主要以两河流域的亚述、苏美尔为中心。这里陈列有珍贵的楔形文字——

西亚泥版文书，著名的“汉谟拉法典”等。流连其中，你会领略到古代东方民族高度的文明和智慧。其丰富的藏品、珍贵的文物为了解早期人类的生活状况、研究人类文明的起源，提供了极为重要的资料。

古希腊、罗马艺术馆，藏品有 3.5 万件之多，藏品相当丰富，主要以雕刻及陶瓷工艺品为主。在这里，你可以了解古希腊、罗马雕刻演进的历史，以及古希腊、罗马艺术的精湛。更重要的是，你会领略到古希腊、罗马艺术品中表现出来的内在精神，这种乐观、力量、精巧和现实的思想无不对欧洲文明的形成和发展有着重大的影响，希腊、罗马是欧洲文明的摇篮。

古埃及艺术馆约有文物 3.5 万多件，是研究古埃及文明发展史的重要宝库。展室中，神秘的斯芬克斯像端庄地凝视着参观的人群，你会感到历史的深不可测；那些正襟危坐的帝王像，显示了古埃及王者叱咤风云的神采；从那些神话及宗教遗物中，你能了解古埃及人的宇宙观和道德观；对那些死亡之书和石棺雕刻，你会惊叹古埃及人发达的想象力。这里还有许多反映古埃及人日常生活的艺术品，著名的作品有“书

▼ 闻名世界的“断臂的维纳斯”雕像就收藏于卢浮宫内

记坐像”及“搬运供品的侍女”等。

欧洲中世纪文艺复兴时期及近代欧洲的文物，这一部分藏品众多，共有15万件之多，其中雕刻品有2250多件，素描9万多件，版画4.6万多件。工艺美术室收藏的物品反映了从拜占庭到19世纪的工艺传统，这里既有中世纪的象牙与珐琅，也有文艺复兴时期的陶瓷及波旁王朝的家具和织锦画。绘画室中囊括了大部分西欧绘画精品，不同历史时期，不同流派的作品汇聚一堂。其中有文艺复兴时期意大利著名大师达·芬奇、拉斐尔和提香等人的作品，也有西班牙画派及北方画派的作品。至于法国绘画的收藏向公众展示了法国绘画史的长河，那斑斓的色彩、深刻的哲理和诸多流派的文化，会把你带入一个神奇的世界，你不但会从中得到美的启迪，而且也能了解绘画所代表的历史风貌。雕刻室收藏了从罗马到近代的雕刻珍品，反映了雕刻的立体美，体现了不同历史时期文化的精神主题，有许多不朽之作。其中有艺术巨匠米开朗琪罗的《被缚的奴隶》，有巴洛克艺术代表者贝尼尼的陶塑品《真实》以及法国著名雕刻家罗丹、卡尔波、吕德等人的作品。面对一件件伟大的作品，人们会产生一种崇高圣洁之情。

卢浮宫在20世纪80年代，又开始了大规模的扩建改造工程，总设计人是饮誉全球的华裔建筑师贝聿铭。卢浮宫扩建之后，许多长年不见天日的收藏品，一一展示在观众面前。

镇馆之宝

《米罗的维纳斯》

第一件珍品为千古不朽的美女雕像。这是一尊大理石雕像，高约214厘米，傲然耸立在卢浮宫一楼长廊尽头的希腊雕刻室中央。《米罗的维纳斯》，据说出自2000多年前雕刻巨匠帕克拉西戴尔之手。1820年，在爱琴海米罗岛被发现，1821年后为卢浮宫所收藏。

这件端庄典雅而富有残缺美的艺术珍品，是古典艺术最伟大的杰作之一，“黄金时期的缩影”，总结了古希腊所代表的一切。由于发现时双臂已缺，故又名“断臂女神”。但保留了完整的头部和面容，使我们能一睹女神秀美的风采。雕像从头、肩、腰、腿到足的曲线变化使人体以无比圣洁的姿态展现在人们眼前，沉静的表情里有种坦荡而自尊的神态，在她的面前，人们感到的是亲切、喜悦及对生命自由的向往，丝毫没有俗媚和肉欲；这件作品充满深情地表现了女性温柔宁静的美，被认为是女性美的原型。

《蒙娜丽莎》

《蒙娜丽莎》是一幅享有盛誉的肖像画杰作。它代表了达·芬奇的最高艺术成就，成功地塑造了资本主义上升时期一位城市有产阶级的妇女形象。画中人物坐姿优雅，笑容微妙，背景山水幽深茫茫，淋漓尽致地发挥了画家那奇特的烟雾状“无界渐变着色法”般的笔法。画家力图使人物的丰富内心感情和美丽的外形达到巧妙的结合，对于人像面容中眼角唇边等表露感情的关键部位，也特别着重掌握精确与含蓄的辩证关系，达到神韵之境，从而使蒙娜丽莎的微笑具有一种神秘莫测的千古奇韵，那如梦似的妩媚微笑，被不少美术史家称为“神秘的微笑”。

关于“蒙娜丽莎”的原型是谁，颇有争议，比较流行的说法是，她是一位佛罗伦萨官员的妻子。也有人认为“蒙娜丽莎”是“一个妓女”，还有人认为“蒙娜丽莎”是达·芬奇的自画像，只不过是以女性的姿态展现。

关于蒙娜丽莎的微笑也是人们争论颇多的一个问题，她的笑容似喜似嗔，似严肃似哀怨，令人很难揣测。

《萨莫色雷斯的胜利女神》

《萨莫色雷斯的胜利女神》雕像是卢浮宫的第三件镇馆之宝。它是为纪念一次古代希腊海战中沙摩特拉岛的征服者德米特里大败埃及王托勒密的舰队而制作的刚柔结合的艺术品，雕成于公元前306年。

这尊雕像虽然头部已经残缺，但从她仅仅披着一袭“薄纱”的躯体可以看出她那轻盈婀娜的风姿。她张开矫健的双翅，跃跃欲飞。上身前倾，胸部高挺，右脚迈出，像是迎风而立，又像大步前进。薄薄的衣衫紧贴前身，轻盈的衣裙被海风吹起，向身后飘荡飞扬，显示出青春的活力与健康。

◀《蒙娜丽莎》是一幅享有盛誉的肖像画杰作，是代表达·芬奇最高艺术成就的作品

▲ 看起来像一座工厂或一艘远洋客轮的蓬皮杜国家文化艺术中心

蓬皮杜国家文化艺术中心
——法国

蓬皮杜国家文化艺术中心简称“蓬皮杜中心”，是以法国前总统蓬皮杜的名字命名的。蓬皮杜中心的建筑设计本身就是一件艺术品，它打破了文化建筑的典雅、宁静的传统风格，使其看起来就像一座化工厂或一艘远洋客轮。现在它已经成为西方当代新建筑的著名代表。

博物馆概况

蓬皮杜国家文化艺术中心简称“蓬皮杜中心”，位于法国巴黎市中心，距卢浮宫和巴黎圣母院各约 1000 米。蓬皮杜中心是在法国前总统蓬皮杜的倡议下，由意大利建筑师皮亚诺和英国建筑师罗杰斯共同设计建造的。1977 年，中心建成开放，并以其倡议者蓬皮杜总统的名字命名。

乔治·让·蓬皮杜（1911—1974），法国政治家，法兰西第五共和国总理（1962—1968）、总统（1969—1974）。1973年9月访问中国。1969年12月，蓬皮杜总统决定在市政府的北侧，修建一座面向大众的现代艺术博物馆。于是向全世界招标，经过多轮的筛选，建筑师郎佐·皮亚诺和R·罗杰斯的设计，从681件竞争作品中一举中标，并在1972—1976年于著名的拉丁区北侧、塞纳河右岸建造完成。该中心是根据蓬皮杜总统的倡议而建立的，故以其名命名。

整座建筑占地7500平方米，建筑面积共10万平方米，地上6层。整座建筑共分为公共图书馆、现代艺术博物馆、工业设计中心、音乐和声学研究所四大部分。蓬皮杜中心拥有世界上现当代艺术最完善和完整的收藏：拥有5000位艺术家的54500件艺术品，其中包括了1619位艺术家的5500件绘画作品、1509位艺术家的17272件素描和画作、695位艺术家的16279件摄影作品、266位艺术家的4518件建筑作品、274位设计师的2419件设计作品、472位艺术家的2440件雕塑作品、323位艺术家的1026部电影作品。

这是一座未来主义风格的杰作，由纵横的玻璃管道、硕大的玻璃墙体和错综的钢架构成，酷似一座化工厂。由于所有管道都设在外部，馆内空间可充分利用，能够进行大厅的单元分割，便于布置展览。

这是一座新型的、现代化的知识、艺术与生活相结合的宝库。人们在这里可以通过现代化的技术和手段，吸收知识、欣赏艺术、丰富生活。

展厅展示

蓬皮杜中心的建立宗旨，是用现代化的设备、以创造性的方法来传播文化艺术知识。中心包括4个部分，即公共图书馆、现代艺术博物馆、工业设计中心、音乐和声学研究所。公共图书馆是

◀ 该艺术中心是在蓬皮杜总统的倡议下建立，故以其名命名。

法国对公众开放的最大图书馆，共有两层，有图书 50 万册、期刊 2000 多种，还有许多声像资料。全部图书、杂志都是开架阅览。图书馆每年接待读者 400 多万人，在全世界图书馆中首屈一指。

现代艺术陈列馆是法国目前最大的现代艺术品陈列馆，在参观人次和收藏数量方面仅次于纽约现代艺术博物馆而位于第二。这里收藏有 1914 年以后的绘画和雕塑作品，其中包括现代派、抽象派、印象派、荒诞派、立体派、野兽派的绘画和雕塑。

工业设计中心经常举办各种展览，介绍建筑、城市建设、公用设施及日用工业产品和新发明。音乐和声学研究所设在蓬皮杜中心西侧广场下面的地下室里，有实验室、电声设备室、收音室、计算机控制室和一个新颖奇特的音乐厅。音乐工作者可以在这里利用现代化的设备进行音乐创作。

与此同时，“中心”还专门设置了两个儿童乐园。一个是藏有 2 万册儿童书画的“儿童图书馆”，里面的书桌、书架等一切设施都是根据儿童的兴趣和需要设置的；另一个是“儿童工作室”，4 ~ 12 岁的孩子都可以到这里来学习绘画、舞蹈、演戏、做手工等。工作室有专门负责组织和辅导孩子们的工作人员，以培养孩子们的兴趣和智力、帮助孩子们提高想象力和创造力。

镇馆之宝

“建筑是一种精神形式。”蓬皮杜的主要设计师朗佐・皮亚诺曾经这样说过。也正是由于这个原因，蓬皮杜的建筑便成了它的镇馆之宝。

蓬皮杜国家文化艺术中心在建筑风格上最引人注目的是对内外文化观念的突破。那完全不是人们想象中的博物馆，而是个现代化炼油厂。它暴露内部结构和设备，把所有的供电、供水、供暖、通风管道都夸张地置于大楼外部，作为装饰性功能展示其独特的风格。这些外露复杂的管线，其颜色是有规则的：空调管路是蓝色的，水管是绿色的，电力管路是黄色的，而自动扶梯是红色的。裸露的钢铁网架纵横密布，鲜艳的管道像血管一样潜伏在网架背后，透明的扶梯像虬龙一样游走在网架外面，把别的建筑耻于露脸的内脏大张旗鼓地掏出来，有的学者戏称之为“翻肠倒肚”式的建筑。

中心大厦南北长 168 米，宽 60 米，高 42 米，分为 6 层。大厦的支架由两排间距为 48 米的钢管柱构成，楼板可上下移动，楼梯及所有设备完全暴露。东立面的管

▲ 蓬皮杜国家文化艺术中心是由意大利建筑师皮亚诺和英国建筑师罗杰斯共同设计完成的。

道和西立面的走廊均为有机玻璃圆形长罩所覆盖。大厦内部设有现代艺术博物馆、图书馆和工业设计中心。它南面小广场的地下有音乐和声学研究所。中心打破了文化建筑所应有的设计常规，突出强调现代科学技术同文化艺术的密切关系，是现代建筑中重技派的最典型的代表作。这座大楼共用去 1.5 万吨钢、5 万吨混凝土和 1.1 万平方米的玻璃。

在结构上，他们以大胆革新的手法将这超时代的庞然大物安置在巴黎众古老建筑物中，以外露的支架结构、透明的管道外壁为强调的重点，让建筑物保有随时可加建、增长的灵活性，以应付一切不可预知的变化，并与市民生活连成一气。基地中更留出许多开放的广场，提供交流空间，容纳公众活动，使街头艺术得以恢复，成为卖艺者的“天堂”。在它周围，中世纪街巷密如网布，完全禁止机动车辆通行，使游人得其所哉。

罗杰斯曾说过：“建筑的表皮是非常重要的，它要为建筑内部提供一个灵活多变的空间。”当初这座备受非难的“庞大怪物”，今朝已为巴黎人开始接受并渐渐地喜爱起来。

巴黎奥赛博物馆
——法国

奥赛博物馆与卢浮宫、蓬皮杜国家文化艺术中心一道被称为巴黎三大艺术博物馆，奥赛博物馆更被誉为“欧洲最美的博物馆”。奥赛博物馆内收藏了19世纪法国艺术辉煌时代的众多艺术品，这使它成了联结古代艺术殿堂卢浮宫和现代艺术殿堂蓬皮杜国家文化艺术中心的完美的过渡者。

博物馆概况

这座曾被誉为“欧洲最美的博物馆”的奥赛博物馆坐落于法国巴黎塞纳河的左岸。1898年奥赛博物馆的原址为巴黎通往法国西南郊区的一个火车站，但在1940年即已没落，闲置了约47年之后，1986年将火车站改建成奥赛博物馆。1986年底建成开馆。改建后的博物馆长140米、宽40米、高32米，馆顶使用了3.5万平方米的玻璃天棚。博物馆实用面积5.7万多平方米，共拥有展厅或陈列室80个，展览面积4.7万平方米，其中长期展厅1.6万平方米。

如今，博物馆收藏的艺术品已有4000多件，其中包括绘画、雕塑、设计绘图以

▼ 奥赛博物馆被誉为“欧洲最美的博物馆”。

及家具陈设，展出面积超过 4.5 万平方米。

奥赛博物馆与卢浮宫、蓬皮杜中心一道被称为巴黎三大艺术博物馆。馆内主要陈列了 1848 ~ 1914 年间创作的西方艺术作品，聚集了法国近代文化艺术的精华，填补了法国文化艺术发展史上从古代艺术到现代艺术之间的空白，使奥赛博物馆成为联结古代艺术殿堂卢浮宫和现代艺术殿堂蓬皮杜中心的完美的中间过渡者。

展厅展示

奥赛博物馆拥有 80 个展室、4.7 万平方米的展览面积。

博物馆的大门设在西侧，进入馆内，就可以看到一个高 32 米、宽 40 米、进深 138 米的明亮大厅，由于大厅的拱顶和西侧为玻璃覆盖，因而不会产生从户外进入室内的明暗感。中央大厅是进入各展厅的通道，也是休息室，厅内还陈列着吕德的雕塑、巴里的巨大动物雕像以及普拉迪埃的大理石浮雕。在长廊尽头伫立着卡尔波的《舞蹈》雕塑。大厅两侧便是一间间展室。两侧的展室各有 3 层，一楼是 1848—1875 年的绘画作品，北侧陈列的是现实主义画派的代表作和印象派初期的作品，包括多米埃、科罗、米勒以及巴比逊学派的作品，印象派代表人物马奈 1865 年画的《草地上的午餐》等。一楼南侧陈列着浪漫主义、新古典主义、折中主义、象征主义等画派的作品，其中包括德拉克鲁瓦、安格尔等著名画家的多幅作品。在这一层还有一个建筑艺术陈列厅，藏有埃菲尔家族捐献的埃菲尔铁塔的模型、草图、设计底稿等。

在第二层展室中陈列的是雕塑作品，作者有罗丹、马约、布尔戴尔等。还有 19 世纪末学院派画家的作品以及 20 世纪初叶立体主义及野兽主义画派的绘画。

第三层主要展出的是印象派画家的作品。由于靠近大厅的玻璃拱顶，光线好，非常适合摆放印象派绘画。在这里有塞尚、马奈、雷诺阿、德加、莫奈、西斯莱等人的作品，印象派绘画是奥赛博物馆中最引人注目的部分。在这一层除印象派外，还有新印象派和纳比派的作品。

奥赛博物馆以丰富的收藏展现了 19 世纪法国艺术的辉煌时代，而 1848 年以前的艺术作品都陈列在卢浮宫内，1914 年以后的艺术作品收集在蓬皮杜中心的现代艺术博物馆里，因此，卢浮宫—奥赛博物馆—现代艺术博物馆为观众提供了完整的艺术发展过程。

镇馆之宝

▲ 马奈是法国印象主义画派中的重要代表人物，他的作品《草地上的午餐》是奥赛博物馆的镇馆之宝。图为马奈画像。

《睡莲》

《睡莲》是莫奈晚年最重要的作品。在群青、湖兰的水面上，“睡莲”的红花白蕊简洁、飘逸。几笔涡形的绿色勾画出水的波动，造成闪动的效果。画面上的蓝、白、红等色彩充分体现出来，视觉印象非常强烈。这幅作品用率意的方法，以超出写实的严谨，达到一种中国艺术“写意”的形态，体现出一种精神自由状态中的梦幻感。无疑，它构思的奇特、笔触的灵动、境界的高远，都美妙无比。

《草地上的午餐》

1863 年《草地上的午餐》在落选者沙龙中展出，并引起了世所罕见的轰动，马奈直接表现尘世环境，把全裸的女子和衣冠楚楚的绅士画在一起，画法上对传统绘画进行大胆的革新，摆脱了传统绘画中精细的笔触和大量的棕褐色调，代之以鲜艳明亮、对比强烈、近乎平涂的概括的色块，这一切都使得官方学院派不能忍受。此画在构图上，把人物置于同一类树木茂密的背景中，中心展开了一个有限的深度，中间不远的地方那个弯腰的女子，成为与前景中三个人物组成的古典式三角形构图的顶点。在技法上，把绘画作为二度表面的主张又向前推进了一步，在对外光和深色背景下出现作了新的尝试，因此此画在艺术技巧和历史意义上都是一个创新。

▲ 法国自然博物馆不仅是法国的动物学、昆虫学等学科的研究中心，还是一个科学普及教育中心。

法国国家自然博物馆
——法国

法国国家自然博物馆是闻名世界的博物馆，它历史悠久，收集有世界最丰富、最罕见的动植物和矿物标本。这里既是学者们登上科学高峰的殿堂，也是普通观众从中获得知识的源泉。

博物馆概况

在巴黎市中心的塞纳河畔，距有名的巴黎圣母院不远的地方，坐落着一座全世界闻名的博物馆——法国国家自然博物馆。这座历史悠久，占地达 22 公顷的巨大博物馆，集世界最丰富、最罕见的动植物和矿物标本之大成；集动物园、植物园、高山公园、古建筑、实验室、图书馆和暖房于一体；荟萃众多稀世之宝，呈现出奇特的大自然景观，展现了自然界传统的、现代的及未来的多学科的领域。这里既是学者们登上科学高峰的殿堂，也是普通观众从中获得知识的源泉。

自然博物馆在1650年对公众开放，几个世纪以来，它始终坚持着创建人德拉博斯和布瓦尔确定的展览、教学和科研相结合的方向。1636年，国王路易十三接受了德拉博斯的请求，签署法令确认建立“皇家公园”，并决定设立植物学、化学和解剖学的研究、教学机构。这就为建立博物馆奠定了基础。如今，1636年栽种的美国洋槐，1774年种下的科西嘉落羽杉等世界闻名的植物，仍然枝繁叶茂。

自然博物馆有几个入口，在塞纳河畔的瓦鲁广场入口处，矗立着生物进化论者拉马克的雕像，周围的街道入口，分别以其他一些科学家命名，更为博物馆增添了光彩。

展厅展示

为了使研究人员们从非洲、阿拉伯地区以及南美地区带回的各种稀有植物，在这里有生长繁衍的可能，1714年，自然博物馆修建了第一座暖房。之后又修建了规模宏大的实验室作为教学场所。法国大革命爆发后，国民公会于1793年通过法令将“皇家公园”改名为“国家自然博物馆”。同一时期还建成了动物园、图书馆。尽管现在动物已迁往他处，但古老的圆形动物园的建筑仍然保留着，并全部修饰一新，成为博物馆发展的一个里程碑。

动物标本展馆是博物馆的一所重要的建筑和组成部分，于1889年建成。收藏在这里的标本栩栩如生，巨大的恐龙、凶猛的食肉动物和剽悍的野牛一个个展现在观众面前；种类繁多的昆虫标本显示了自然界的奇妙；不同门类动物进化的陈列告诉人们34亿年来地球生命演化的历程和大自然经历的漫长而巨大的变化。这里还设有一座表现动物远古风貌的声光展厅，更以其逼真的场面，吸引着观众。大量的浸制标本则收藏在一座地下标本馆里，数量多达200余万件。

矿物学与地质学的展馆里收藏着24万件矿物标本，其中以法国皇帝路易十四所搜集的1000件宝石和2500件陨石最为吸引观众。

博物馆里还设有专厅，用以陈列那些曾经为人类科学文化进步做出卓越贡献的有关学科的科学家雕像，他们或沉思，或凝视前方，一个个深沉含蓄，令人屏息驻足，肃然起敬。

博物馆幽静的草坪中央矗立着布封·居维叶的铜像。这位法国启蒙运动的思想家、科学家、进化论的先驱曾在这里工作过50年，写出过三十多卷的《自然史》。铜像手执一只鸟的标本，凝视着向他走来的人们，期待着后人为探索大自然的奥秘做出新的努力。

这里日益丰富的收藏品和门类众多的实验室以及各种先进的设备，不仅提供给在这里工作的700名研究者中的有关人员使用，也对世界各国生物学家和地质学家开放。它不仅是法国的动物学、昆虫学、比较解剖学、植物学、人类学和矿物学的重要研究中心，也是一个科学普及教育中心。博物馆还十分重视科学教育和多学科的临时展览。前几年，它集中了300多位科学家，精心研究设计，举办了一个《性和媒介》的展览，不仅在国内受到欢迎，也引起国际上的重视，曾应邀到包括中国在内的许多国家展出，获得一致的好评。

法国科学博物馆
——法国

法国科学博物馆是世界上规模最大、装备最先进、功能最完善的现代科技博物馆，是法国前总统德斯坦在位时修建的。这里不仅是普及科学知识的场所，也是各大公司展出商品、进行科技交流的平台。

博物馆概况

在巴黎东北角的拉维莱特地区，矗立着一座世界上规模最大、装备最先进、功能最完善的现代科技博物馆——法国科学博物馆。这里不仅是普及科学知识的场所，也是法国各大公司展出自己产品，进行技术交流的中心，是一座名副其实的科学与工业之城。

1977 年，当时的法国总统德斯坦，决心建造一座世界上最大的科学博物馆。政府倾注巨大精力，拨出巨款，邀请科学精英论证。由于政治等原因，工程虽经曲折，

▼ 阳光下的法国科学博物馆美丽异常。

但终于于 1986 年 3 月 14 日落成开放。

这座博物馆耗资 40 亿法郎，建筑面积 16 万平方米，展厅大楼长 270 米、宽 110 米、高 47 米，上下七层，由花岗石、玻璃和蓝色“之”字形钢架制作，表面光滑，周围流水环绕，更显示了它的幽雅。

科技馆以现代科学技术为中心，反映科技与工业以及各学科之间互相渗透的关系，突出了科技与社会之间的相互影响与作用，是一座名副其实的综合性公共教育机构。展厅气势恢宏，内有常设展、临时展、发现厅、工业厅、新闻厅；还有天文馆、电影俱乐部、图书资料馆、国际会议中心、培训中心等。

展厅展示

博物馆主厅是宏大的，用现代科学方法制作的罗马神话中的守门神贾纳斯，在这里迎接观众。顶部有两个穹窿，每个跨度 18 米；上面安有自动追踪太阳的反光镜，将阳光反射入大厅。半空中是宇航员的模拟像，仿佛在穹窿中飘动。三楼自动电梯顶端，一幅《征服太空》的大型油画告诉观众：你已到了常设展厅“探索馆”的入口处。里面有四大部分的展出，面积近 3 万平方米，不同设计、不同风格，异彩纷呈。

第一部分主题是“从宇宙到地球”，介绍人类探究地球、海洋、外层空间的活动。展品中有法国潜艇“勒诺蒂勒”号的复制品；由于它十分先进，出于国防机密的考虑，展出时不得不更换一些关键零部件。还有使法国感到骄傲的，和实物同大的“阿里亚娜”火箭的一级模型和“哥伦比亚”号空间站的模拟舱，矗立在突出的位置。巨大的天象放映仪更是令访客叫绝，它的高架屏幕达 600 平方米，是世界最大的天象放映仪之一；125 个放映机以及用最现代化的电子望远镜头摄制的幻灯片，把太阳系的行星、包括土星环和火星上的火山展示在眼前，放映的最后一幕，观众可以清晰地看到当晚巴黎夜空里闪烁着的 10164 颗星星。

第二部分是“生命的奇观”，在一个小型剧场里，电影屏幕展现的是精子和卵子结合的最后情景，以及受精卵发育成胎儿直至出生的过程。

第三部分表现了“物质和人类劳动”，这里成了机器人的世界。其中更有智能机器人以假乱真的表演，完全可以让你迷惑，似乎出现了如何划分它和人之间的界线的问题。在一个“交通调度员”的游戏里，你会被置身于电力公司调度员的位置，模拟指挥法国复杂的电力供应问题。

在最后的“语言交流”部分，是引导观众去探索人的意识、感情和行为的实验，当你阅读荧光屏幕上的文字时，计算机会立刻呈现出你眼睛的反应，在屏幕上作无规律的瞬间闪现；当你坐在一个喷气机的座舱里时，似乎能够感觉到飞机正从山坡或屋顶掠过，让你惊出一身冷汗；其实这是计算机设计的思路，使人感官产生的错觉。这一切只不过是“探索”馆的一部分，看完它的全部内容要花 32 小时。

“晶体”是整个博物馆里面最美、最具有魅力的，它的设计和拼装的精确简直是无与伦比。它在阳光映射下，熠熠闪烁，光彩夺人。“晶体”球面是由 6433 块三角形不锈钢板构成，当这些全部组装好后，所余空隙不足 1 毫米。晶球内是一个可容纳 360 人的电影院，安装着一幅面积近 1000 平方米，世界最大的半球面屏幕；有一个“全方位最大值”放映系统，观众不论坐到哪个位置，都可看到清晰的画面；听到从 12 个现代化音响系统传来的声音，具有身临其境之感。

博物馆以其辉煌的建筑、精美的展出，每年吸引着数百万观众，它为美丽的巴黎增添了新的光彩。

▼ “晶体”在阳光映射下，熠熠闪烁，光彩夺人，是整个博物馆里面最美、最具有魅力的部分。现在它已经成为博物馆的标致性建筑。

巴黎服装博物馆
——法国

巴黎，不仅是浪漫之都，也是引领世界服装潮流之地。多少年来巴黎在世界服装领域独占鳌头，很多游客到巴黎就是为了采购最前沿、最时尚的服装。巴黎服装已经成了衡量身份、地位、财富的一个尺度。

博物馆概况

在众人的眼里，巴黎既是艺术之都，又是服装之城。不仅大街小巷随处可见穿戴优雅、新颖的巴黎妇女，而且各国的社会名流都喜欢到巴黎来选购服装。巴黎，多少年以来在世界服装领域中独占鳌头。巴黎服装甚至成了衡量身份、地位、财富

▼ 巴黎不仅是浪漫之都，更是服装之城，它总能引领世界服装的潮流。

的一个尺度。因此，到巴黎来观光的游客们，除了参观卢浮宫、登埃菲尔铁塔、游览巴黎圣母院之外，大都忘不了抽出时间去参观巴黎服装博物馆，欣赏设计师们设计的时装。

这家服装博物馆在 1986 年举办了两次服装展览，一次是展出馆内的收藏，另一次是巴黎最著名的尚在人世的服装设计师伊夫·圣洛朗举办的时装展览。这两次展览共吸引了十多万人参观，人们沉迷于五光十色的服装世界里，尤其是那些风华正茂、青春焕发、对服装的诱惑力几乎无法抗拒的姑娘们。

在这座博物馆中，不仅有法国各个时代的服装，而且还有国外一些名流穿过的服装，已故的摩纳哥格雷斯公主的两件晚礼服也是博物馆的收藏品。所以说到巴黎不到这个全世界最令人难忘的服装博物馆一游，那将是非常遗憾的。

展厅展示

这座博物馆陈列着自 1735 年至今，各阶层人士穿着的各式服装，有将近 4000 套套装，大约 6 万件 18 世纪至今的各种女装、男装和童装。在 18 世纪馆内陈列着近百件女装，近 200 件男装、250 件绣花背心、衬衣和当时的各种附属装饰，比如妇女服装所用的胸花、别针、花边、腰带，绅士们使用的特别精致的手杖，还有巴尔扎克用过的柄上用蓝色石子镶嵌成花朵图案的手杖。博物馆里还收藏有各种男式帽子，其中有一种第二帝国时代的帽子，就像鲸鱼骨架撑起的女式裙子一样让观众大感兴趣，它的形状像一把伞，有一圈支架，可以在头顶上支起来。

不仅 18 世纪馆的展品琳琅满目，19 世纪和 20 世纪馆更是五彩缤纷、争奇斗艳，令人眼花缭乱。这里除了展出各种宴会和会见贵宾时穿的漂亮、隆重的礼服外，还有骑自行车、游泳、赛车、击剑时穿着的运动服，甚至还有几种已被淘汰掉的宗教服装。博物馆里的多种展品最早都是服装史学会主席兼画家莫里斯·勒鲁瓦捐赠的收藏品。后来越来越多的参观者看了服装展览之后，纷纷将自己家传统的纪念品捐赠给博物馆，希望这些服装能对设计现代服装提供一些参考。于是馆内展品从 1956 年至今增加了 3 倍。更有许多著名的艺术家、缝纫师、画家等等也把自己宝贵的心血结晶献给了这座博物馆。在社会各界人士的大力支持下，博物馆的规模越来越大，内容也越来越丰富，不仅有服装实物，而且有多种服装书籍、图片等。给每一个到此参观的人留下难以忘怀的印象。

▲ 英国伦敦不列颠博物馆是世界上各国古物收藏最丰富的博物馆

大英博物馆
——英国

大英博物馆的兴建是源于一位古董爱好者和鉴赏家——医生汉斯·斯龙爵士，为了保存和利用他所捐献的众多文物，英国议会决定兴建一座国家博物馆，这就是英国伦敦不列颠博物馆。博物馆内收藏的不仅有英国的文物珍品，更有英国殖民者从世界各地掠夺来的珍贵文物。

博物馆概况

英国国王乔治二世的私人医生汉斯·斯龙爵士是一位古董爱好者和鉴赏家，他一生酷爱收藏文物古玩。1753 年，他在临死的时候，把自己一生所收集的 5.3 万多件文物赠给了国家。英国议会于是做出决定：筹资兴建一座国家博物馆，来保存和利用这些文物。这便是世界上各国古物收藏最丰富的博物馆——英国伦敦不列颠博物馆，也就是我们常说的“大英博物馆”。

1759 年 1 月 5 日，不列颠博物馆正式对外开放。最初馆址规模很小，是一座两层楼的法国式建筑，原是一座贵族的私人邸宅。随着英国国力进一步强盛，海外殖民地扩大，不列颠博物馆的藏品越来越丰富，其中大部分文物是依靠强力从世界各地掠夺而来的。

1823 年，由于藏品的激增，原有的建筑已不能满足收藏、保护及展示的需要，于是不列颠博物馆决定建立新馆。新馆坐落在伦敦市中心，建筑华美而壮观，正面耸立着典型的希腊爱尔尼亚式立柱，石柱托起巨大的山墙，山墙上装饰着精美的浮雕，气势雄伟。博物馆主要部分占地约 12 英亩，主要建筑面积 10 万平方米。

展厅展示

不列颠博物馆全部藏品可分为五个展示区。第一展示区主要展示西亚和埃及文物，是两地古代文明发展史的一个缩影。走进展示厅，首先映入眼帘的是古代亚述王宫的巨幅浮雕，有的反映战争场景，有的是猎狮场景，有的描绘国王的事迹，生动地反映当时西亚人的社会生活。在古埃及部里，收藏着 7 万余件古埃及文物。那些怪诞的人兽石雕，一具具装饰有各种图案的法老棺椁和木乃伊，以及壁画、碑文和镌刻的石器器皿等，其数量和精美程度，除开罗的埃及博物馆外，再没有能与之相比者。

第二展示区是古希腊、罗马文物室。希腊、罗马是欧洲文化的摇篮，英国依靠强大的实力，掠夺了大批古希腊的稀世文物，这些物品构成了不列颠博物馆的“镇馆之宝”。这里藏有古希腊著名雕刻家菲底亚斯、史柯巴斯等人的绝世之作，也有陶制偶像及精制器皿，还有古罗马形态各异的青铜雕像。一组古代雅典卫城帕提农神庙中的雕刻，其精美无与伦比。这是该馆花 3.5 万英镑买来的。

第三展区展示的主要是英国史前、古代及中古时期的文化遗物，这些遗物体现了英国文化的发展源流。

第四展示区是东方文物展示室，也是博物馆里最引人注目的地方。该展区有来自中国、日本、印度以及其他中南亚国家的文物十多万件。仅来自中国的历代稀世珍宝就达 2 万多件，其中绝大多数为无价之宝。中国展厅的展品是按历史顺序排列的。从远古时期的石器，6000 多年前的半坡村红陶碗及尖足罐，新石器时代的大琮、大刀、玉斧，商周时期构图优美、工艺精湛的青铜尊、鼎，到秦汉时代的铜镜、陶器、漆器、铁剑，六朝时代的金铜佛，隋代白色大理石立佛像，唐代的三彩瓷器和宋、元、明、清各代的瓷器及各式金玉制品，更重要的还数东晋画家顾恺之的《女史箴图》，这是一件仅存的稀世珍品。真可谓门类齐全，无所不包，而且都具有代表性的文物。此外，还展有中国历代铜币、丝绸、绘画、珐琅雕塑、书稿。就连博物馆后门的两座大石狮子也是从中国运去的。英国殖民者马克·奥里尔·斯坦因从中国夺去的大批敦煌经卷、佛教艺术珍品也都收藏在这里。另外，这里还有两件印度和南亚地区的佛教作品相当著名，一件是“阿马拉瓦底的浮雕”，一件是“贝玛南的舍利容器”。

第五展示区为珍宝室，这里藏有许多英国人特别喜爱的文物。最初一批文物是由汉斯·斯龙所捐赠的善本书、钱币、纪念章和陶艺品等，以后博物馆又从各处收集了大批金银、珠宝以及镶嵌工艺品等，因而称为“各色各样的搜集品”。珍宝室中收藏的一批古代地图真正称得上是稀世珍宝。博物馆中藏有一幅“萨尔达的世界地图”，这是一幅中世纪时期的作品。在这幅地图上，整个世界被描绘成一个规则的圆盘形，以耶路撒冷为世界的中心，地中海位于中下部，而真正的东方则被绘于上方，在这幅地图中，看不到任何精确的地理，但可以看出代表了基督教的世界观。

◀ 大英博物馆内景

不列颠博物馆的藏书在世界上久负盛名。该馆藏书数以千万册，有大量英国和世界的经典文献、书籍、手稿、档案等，不少是仅有的珍本。如1215年的英国《大宪章》、莎士比亚手签的一份抵押契，以及《艾丽思漫游奇境记》的手稿等。除英文外，还有阿拉伯文、波斯文、土耳其文、梵文、印地文、蒙文和中文等多种文字书籍。仅中国书刊就达6万多种。据说，不列颠博物馆每年要设6千米长的书架，方能容纳从世界各国源源而来的图书。1973年，原属不列颠博物馆的图书馆已与其他图书馆合并，改为独立的不列颠图书馆。

不列颠图书馆有一个圆形屋顶的大阅览室，历史上许多学者、名流、政治活动家都曾光顾这里，博览群书，进行研究和写作。伟大的无产阶级革命家卡尔·马克思移居伦敦后，数十年如一日，从不间断，以至从他的座位到书架之间用双脚踏出一条清晰的履痕，最终完成了不朽的名著《资本论》。至今，在1874年3月26日借阅登记簿上，仍留有马克思亲笔写下的苍劲有力的签名。孙中山先生1896年在伦敦停留的9个月中，几乎每天都到不列颠博物馆来研读，这对他的思想起到了重要的影响。

▲ 英国曾凭借强大的实力，掠夺了大批古代稀世文物。图为保存于博物馆内的古埃及第十九王朝法老拉美西斯二世的头部雕塑。

现在，不列颠博物馆中除图书馆独立出去之外，还单独成立了自然历史博物馆和人类博物馆。因为博物馆的空间已容纳不下收藏的文物。

镇馆之宝

《女史箴图》

《女史箴图》是尚能见到的我国最早专业画家的作品之一，在中国美术史上具有里程碑式的意义。其作者顾恺之是东晋无锡人，长期生活在南京，至今南京城里还流传着许多关于他的奇闻轶事。史书记载其擅长诗赋、书法，尤精绘画，有“才绝、画绝、痴绝”之称，其“迁想妙得”、“以形写神”等论点，对我国传统绘画的发展影响很大。“女史”是女官名，后来成为对知识妇女的尊称；“箴”是劝诫的意思。西晋惠帝司马衷是个弱智，国家大权为其皇后贾氏独揽，其人荒淫放肆。朝中大臣张华便收集了历史上各代先贤圣女的事迹写成了九段《女史箴》，以为劝诫和警示，当时流传甚广。后来顾恺之就根据文章的内容分段为画，每段有箴文（除第一段外），各段画面形象地揭示了箴文的含义，故称《女史箴图》。

《女史箴图》一直是历代宫廷收藏的珍品，后人也有临摹。现在世界上只剩两幅，其一为北京故宫收藏，是宋人临摹的，笔意色彩皆非上品。而另一幅就是大英博物馆中的这件。它本来是清宫旧物，深得乾隆皇帝的喜爱，藏在圆明园中。1860 年，英法联军入侵北京，英军大尉基勇从圆明园盗出携往国外。1903 年入藏大英博物馆至今，成为该馆最重要的东方文物之一。

罗塞塔石碑

罗塞塔石碑是 1799 年拿破仑率领法国远征军远征埃及时，由驻扎在亚历山大附近一个叫罗塞塔的地方的士兵在修筑工事时挖出来的。但是，还没来得及将它运回法国，英军又将这里占领。根据协议，法国无条件交出在埃及发掘到的一切文物。法国人虽竭力想保留石碑，无奈英国人也认识到石碑的不同寻常，最终归于英国，并成为大英博物馆镇馆之宝。至今，石碑的题签上仍写着“不列颠军队征服的战利品”的字样。

由于石碑是在罗塞塔发现的，因此叫做罗塞塔石碑。

罗塞塔石碑碑长 114 厘米，宽 72 厘米。碑面刻有三段文字，经 2000 余年的风沙侵蚀已变得有些模糊。经考证，碑文是由埃及和希腊的两种语言和三种文字体系——象形文字、通俗文字（埃及象形文字的草写体）和希腊文字雕刻而成。其中第一段为象形文字，共 11 行；第二段为通俗体文字，共 32 行；第三段为希腊文字，共 54 行。从碑文中的希腊文字可知，其内容是为托勒密五世的登基庆典称颂，大约撰写于公元前 196 年。

文字学家先解读出石碑上的希腊文，由此破译了古埃及象形文字。它记载的是公元前 196 年埃及祭司为歌颂国王的功绩而刻写的文字。法国的埃及学家和语言学家商博良在前人研究的基础上，经十多年的刻苦努力，于 1822 年终于成功破译了这些古埃及象形文字，打开了古代埃及历史宝库的大门。

《亚尼的死者之书》

《亚尼的死者之书》是收藏家佛里斯班士于1887年在尼罗河中游克索西岸的墓室中发现，是众多以草纸记录的《死者之书》当中保存最好、最出色的，堪称古埃及美术中至于极致的作品，也是古埃及生死观的明白表现。

这幅画作为陪葬品放在亚尼的墓中，全长24米，用长达60章的篇幅，描绘死者在来世获得永生所需的咒文和约定事项。本书截取亚尼在死者之国接受生前善行和恶性审判的一段，为整卷画作中最精彩的部分。最有名的段落则是“秤心仪式”。

死者（以亚尼为例）穿着洁白的亚麻布衣服，和妻子来到奥西里斯前，进行审判。奥西里斯前有一具天平，天平两端，一边放着亚尼的心脏，一边放着代表正义公理的“羽毛”。

阿努比斯正在调拨着天平，检查是否平衡。如果天平平衡，表示死者生前善良公正、没有截断尼罗河水、没有偷窃他人财物等，死者将可通过正义之神“玛特”的审判，取得奥西里斯的信任；如果心脏一端沉重，不能平衡，代表死者贪婪多欲，作恶多端，他的心脏将被取出，丢给在一旁等候的怪兽“阿敏”吃掉。阿敏的造型是：鳄鱼的嘴、狮子的上半身、河马的下半身。这三种动物是非洲最凶猛的动物。死者心脏被吃，便不能复活。秤心的过程，一旁的书记官，也是“智慧神”陶特会手持墨水笔和陶板，记录下来。奥西里斯根据秤心结果，判决死者是否能够复活。

维多利亚皇家博物馆
——英国

维多利亚皇家博物馆是世界上最早创立、规模最大的装饰艺术博物馆，它发端于1851年伦敦海德公园举办的万国博览会，这个馆被称为“装饰艺术馆”，开维多利亚皇家博物馆之先河。

博物馆概况

维多利亚皇家博物馆是世界上最早创立、规模最大的装饰艺术博物馆，与大英博物馆享有同等的声誉。维多利亚皇家博物馆，正式名称为“维多利亚与阿尔伯特工艺博物馆”。它位于伦敦市中心出名的毕加特利圆形广场附近，四周被遍布花草绿茵的文教区所包围，这更衬托出博物馆的典雅和雄伟。整个博物馆占地12英亩，仅在南肯辛顿总馆内便有143间陈列室，另有各类研究室、图书馆、教室等，规模相当庞大。它还设有许多分馆，收藏日益增多的藏品，主要分馆有贝斯纳·格林博物馆、汉姆馆、阿普莱斯馆、欧斯特莱馆。

维多利亚皇家博物馆发端于1851年在伦敦海德公园举办的万国博览会。由维多利亚女王的丈夫阿尔伯特公爵主持举办的万国博览会取得了空前成功，赢利达18.6万英镑。他用这一笔赢利用于发展英国文化。1852年购进了万国博览会的展示品，同年9月6日在马博罗馆正式对外展出。这个馆称为“装饰艺术馆”，开维多利亚皇家博物馆之先河。1855年，英国政府又拨巨款兴建了收藏这些装饰品的正式博物馆，并于1857年6月22日正式对外开放。

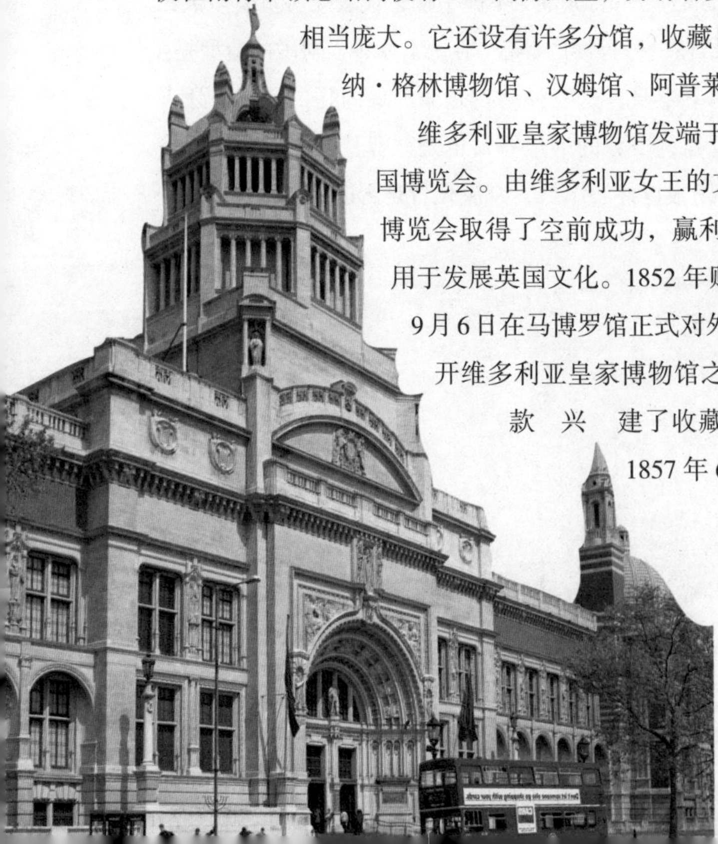

◀ 维多利亚皇家博物馆正式名称为“维多利亚与阿尔伯特工艺博物馆”，是世界上最早创立、规模最大的装饰艺术博物馆。

展厅展示

维多利亚皇家博物馆藏品甚丰，有 70 ~ 100 万件，其中以工艺品和室内装饰品最多，尤以反映英国式独特风格的工艺品为主要特色，旁涉其他种类的艺术作品。这些作品，地域广阔历史久远，千姿百态，令参观者目不暇接。在这里，可以观赏到中世纪精美的金属工艺品、象牙雕刻、织锦画、有名的拉斐尔粉本、意大利的雕像与马嘉利卡陶器、西班牙式的陶器与服装以及 18 世纪的一批法国工艺品，还可以领略到波斯、印度、中国和日本的精美工艺品以及伊斯兰教艺术品。不但可以看到供王室贵族享乐的华丽的器具，还可以领略到体现劳动人民智慧的民间工艺品的朴拙之美。给人一种亲切、折服的感觉。

维多利亚皇家博物馆共分五个展示区。第一区为室内装饰品区，这一区内主要展示的是室内装饰艺术品，主要包括睡床、生活用具等藏品。这些物品所属时间的跨度很大，从 16 世纪后半叶的伊丽莎白时代开始，一直到英国全盛时期的维多利亚时代。反映出装饰艺术风格和人们审美情趣的变迁与发展，清晰地勾勒出一条艺术手法不断波动的曲线，给人一种历史的联想。该区内最著名的物品要算一架巨大卧床，它以外形庞大、奇特而引起人们关注。这架床高 275 厘米，长与宽各 335 厘米，有巨大顶盖及可以垂下的帷幕，如同中国江南乡村风行的旧式床。整个卧床用橡木制成，饰有精美雕刻和镶嵌图案，完全体现了伊丽莎白时代睡床的制作特点。

第二展示区主要展出欧洲工艺品，展示了欧洲自中世纪以来的金属工艺品以及一些著名雕塑绘画等艺术品。其中有王公贵族奢靡的生活用具及装饰物，也有劳动人民日常生活的简单用具。在金属工艺品中，“瓦尼的圣坛十字架”和“巴莱的船型容器”相当引人注目。著名浮雕作品《耶稣升天》也藏于其中。

第三展示区展示的主要是玻璃和陶瓷器皿。维多利亚皇家博物馆是世界上最大的陶瓷器物博物馆。据统计，该博物馆藏有陶瓷器达 15 万件之多。所藏的器皿包括美索不达米亚、埃及、希腊、罗马、英国史前及中南美地区陶器以及世界其他地区的主要陶器。这些造型优美的陶器除给我们美的享受外，同时也向我们展示了欧洲陶瓷艺术发展史以及东西方文化交流的情况。

第四展示区为东方艺术品室，其中有回教瓷砖及回教工艺品，还有中国的陶瓷器，印度莫卧尔帝国时期的绘画及诸多的印度佛像。中国文物在该馆就有 1 万多件，上起史前，下至清末，均有收藏，其中以宋、元后的中国文物为最多，宋瓷占有相当的比重，明清文物占该馆全部中国文物的一半，其中瓷器最多。

第五展示区主要是服装与棉织品。该区内挂着许多壁毯和刺绣品，其中有巨幅“德文郡公爵狩猎图壁毯”和世界上最大的波斯地毯。但最主要的也是最引人注目的要算服装地展示了，该展区收藏的服装基本上是从文艺复兴时代起至现代的服装，从中不仅可以了解欧洲服装发展变化的历史，而且可以了解各时代的风俗人情。

镇馆之宝

在维多利亚皇家博物馆的所有中国陶瓷文物中，史前的遗物不多。仅公元前2500年的马家窑文化半山式彩陶壶、碗及龙山文化的黑陶鬲等数件而已。

收藏的汉代文物中，有灰陶多件，其中灰陶绘彩谷仓，上有龙凤仙人绘饰，造型稍嫌拘谨，但线条轻盈而高古；红彩绘釉陶马头、飞凤纹瓦当等，塑造均甚生动；绘彩大钟高尺半则为少见的陶制大容器，红彩犹新，为近世出土物。灰釉陶是越窑陶器的前身，刻画鸟头纹双耳壶为其中白眉。至于绿釉陶器，有龙头瓶、绵羊圈、犬、钟。其中一件钟的肩带上饰有猎兽纹，颇为高古雅致。

▼ 维多利亚皇家博物馆内一景。

该馆也藏有唐代的几件大型三彩陶，包括文人、武士、神王、马、骆驼及大盘等，小件的有狮子枕、壶等。其中以四件大马为最精，骨肉贴切，气宇非凡，绿红釉色虽已斑驳，淋漓之致却未稍减，令人称绝。馆内还藏有白釉暗花大扁壶等唐代白釉瓷六件，釉为牙黄色，造型高雅。该馆所藏越窑器虽比不上牛津大学的"阿斯莫林博物馆"，却也不乏精作，在三件收藏品中，以莲花饰带耳壶最为精美，附耳小巧，可穿绳提举，设计巧妙而雅致。

从该馆收藏陶瓷器年代比率来看，宋代以后的文物占了绝大多数，而宋瓷也算是大宗之一，定窑瓷器有六件，以暗花壶、鹿苑浮花盘、六瓣暗花碗等最为可观。史载定窑产红瓷称红定，少有遗物，倒是该馆所藏宋代绛红瓷三件，或即为红定，其中两件在朝鲜所发现，分属一碗一座，胎薄而坚，釉色乌红近紫，暗花晶莹而唇露白釉。另外还有均窑盘、座、瓶、碗等八件，其中以瓶碗的丁紫釉最为难得；影青瓶碗六件，耀州窑六件皆为精品，而以龙泉窑大盘、元代青花碗等最值得细细观赏。至于绘彩瓷，磁州窑瓷器多属大件，而该馆所藏的刻花长颈瓶、刻茶花纹小口瓶、黑绘人物枕、三彩绘碗最为佳。一般而言，磁州窑胎土灰黑，装饰后附釉，釉质较松，但以刻茶花纹小口瓶而言，釉质坚厚，造型秀雅，颇为突出。辽金的绘三彩也有数件，尤其辽三彩的图绘富有天趣，绿中透赭，红绿相间，淳拙有趣。天目瓷方面，该馆所藏建窑茶碗数件，也不乏佳品，如牛毛盏及油滴纹茶碗，形制典雅，胎足厚实，乌釉油光下星点洒布而明晰，令人喜爱。

格林尼治天文台博物馆
——英国

格林尼治时间是全世界的标准时间，格林尼治天文台是世界上著名的天文台。格林尼治天文台博物馆也成为公众参观、了解天文知识的重要基地。

博物馆概况

在英国泰晤士河畔有一座城市叫格林尼治市，城市并不大，人口也不多，但这个小城却名扬天下，因为这里有座有 300 多年历史的天文台——格林尼治天文台。格林尼治天文台是世界上著名的天文台，格林尼治时间是全世界的标准时间。1675 年，英国皇家天文台建立于此。第二次世界大战后，因为这里污染严重，影响天文观察的效果，天文台迁往东南沿海的赫斯特孟骚。如今，这里已是一个公众参观了解天文知识的天文博物馆。

▼ 格林尼治天文台。

展厅展示

在天文台的地坪上，有一条用红色的石头砌成的线，这就是有名的子午线。1884年，国际经度会议决定以经过格林尼治天文台的经线为本初子午线。“本初子午线”又叫“首子午线”，是地球上计算经度的起始经线。地球就以这条线划分为东西两个半球，当游人分开双腿跨立在这条线的两边时，那他就同时站立在东西两个半球上。因此，到格林尼治的游人都十分感兴趣地在此摄影留念。

在天文台的天文陈列馆八角形的观天室里，陈列着格林尼治天文台初建时的建筑模型，墙上悬挂着英国国王查理二世的油画像以及历任天文台台长的照片。正是查理二世颁布了格林尼治天文台建造的命令。观天室里还陈列着几架老式望远镜，当时的天文学家就用这些望远镜在这间观天室里观察天象。

从观天室出来，进入哈雷廊，哈雷廊入口处挂着哈雷的半身画像。哈雷是英国著名的天文学家，曾经担任过格林尼治天文台台长，他因发现哈雷彗星而名扬世界。在17世纪，哈雷首次根据万有引力定律计算出在1682年出现的一颗大彗星的轨道，并且预测出它以约76年的周期绕太阳运行。于是哈雷预言这颗彗星将于1759年初再度出现。1759年3月13日，这颗彗星果然回来了，它长长的尾巴，人们用肉眼就可以看见。为了纪念哈雷，这颗周期彗星被命名为“哈雷彗星”。天文馆的哈雷廊正是为了纪念哈雷设的。哈雷廊里陈列着各种观测天体的仪器，其中有一个天体观察仪，可以演示天体运转的情况，并可由观众们自己动手来测定这颗天体的位置。

这个天体陈列馆，还对过去格林尼治天文台台长住室、办公室、卧室、会客室、书房进行原状复原陈列。室内的陈设都比较简单朴素，可以想见天文学家的生活是很简朴的。据说有一位台长曾拒绝英国国王为他增加工资，他说如果台长的钱多了，那么天文台长的位置上可能就不是天文学家了。但台长的每个房间里却都有大量天文书籍，体现出那些成绩卓著的天文学家孜孜不倦的钻研精神。

在一个半球形的建筑物里，安装着那架确定子午线的天文望远镜，地球经线的零点正是从这架望远镜基座的中心穿过。墙上挂着许多电子石英钟，将罗马、巴黎、莫斯科、北京、东京等地的时间显示出来，各国游客一眼便可以看出自己国家的时间和格林尼治时间的差额。在这个天文台里还陈列有太阳系的模型和各种天文仪器及古代计时器，其中也有几件中国的古老计时器。

▲ 迈克尔·杰克逊的蜡像。

伦敦杜莎夫人蜡像馆
——英国

杜莎夫人蜡像馆是全世界水平最高的蜡像馆之一，有众多世界名人的蜡像，馆内蜡像经常令人真假难分。杜莎夫人蜡像馆也因其高水平的制作，闻名世界。杜莎夫人蜡像馆现在世界开有许多分馆。

博物馆概况

在雾都伦敦，有一个世界闻名的游览场所——杜莎夫人蜡像馆。

杜莎夫人于1761年出生于法国，6岁时就开始跟当时的蜡塑大师菲利普·柯蒂斯医生学习制作蜡像，17岁时她制作的栩栩如生的启蒙思想家伏尔泰蜡像，引起了人们的注意。法国大革命爆发后，她接受了为大革命中被处死的人翻制塑像的任务，成功地塑出了路易十六与王后以及大革命时的领袖罗伯斯庇尔被砍下的头颅，还有马拉等革命人物被杀死的尸体。这些历史的记录就存放在蜡像馆中的“恐怖室”里。

杜莎夫人在 1802 年离开法国来到英国，带着她塑制的蜡像巡回展出，并取得了为当时英国国王及社会名流塑像的特权。1835 年，74 岁的杜莎夫人不堪忍受奔波之苦，于是在伦敦市中心的贝克大街筹建了一座规模庞大的蜡像馆。她的后人继承了她的蜡像制作技艺，而且越做越精，内容越来越丰富，蜡像馆也不断扩大，现在它已成为伦敦最受欢迎的博物馆之一。每年吸引着 200 万世界各地的游人前来参观。

蜡像馆由三层楼及地下室组成，分四个展览层。一楼是 1966 年新开设的展览厅；二楼大厅展有当代世界各国政治人物、近代英国君主和王室成员；三楼有“戏剧性场面”、“温室”和“英雄”三个展览项；顶楼是蜡像制作室。

博物馆馆藏

在这座蜡像馆里，人们可以亲眼看到过去只有在书上或电影里见到过的历史人物。如世界文豪中英俊潇洒的莎士比亚，留着八字胡须、相貌平凡的狄更斯，健壮魁梧的雨果，聪明睿智、身体瘦削的伏尔泰和《白雪公主》的作者安徒生等。

甚至还有英国历史上赫赫有名的女王伊丽莎白一世，使英国成为称霸全球的“日不落帝国”的维多利亚女王，先后结婚六次的英王亨利八世与他的六位王后，法国国王路易十六的一家，还有法国皇帝拿破仑，美国总统林肯，英国首相丘吉尔等曾经影响世界历史的人物。虽然他们已离开人世许多年，现在却借助蜡像而仍然活着，以各自不同的姿态展现在观众面前。

▼ 各国领袖、科学界知名人士、影视明星等是蜡像人物制作的主体。图为爱因斯坦的蜡像。

还有那些著名的影星、歌星、球星、绘画大师如今也栩栩如生地站在那里。如好莱坞的影星亨弗莱·鲍嘉，身着白色礼服，左手拿烟，右手插在衣袋里，以他那著名的沉思表情凝视着前方；风靡了一代又一代影迷的玛丽莲·梦露，披着闪闪发光的金发，蔚蓝色的大眼睛仍然妩媚明亮；给无数人带来欢声笑语的电影大师卓别林，拿着手杖，笑吟吟地看着观众。

蜡像馆里还有一些再现某个历史事件及历史瞬间的场景。比如伦敦的第一个咖啡馆，一侧有一个一米多高的柜台，另一边是大理石的壁炉，炉前有两张小桌，几个衣冠楚楚的人正围坐在小桌旁交谈着什么，整个气氛神秘而宁静。还有一个场景是英国海军统帅纳尔逊将军正率领舰队与法国、西班牙联合舰队浴血苦战的历史场面。纳尔逊手臂被炸断，浑身鲜血淋淋，但仍坚守岗位，镇静地指挥士兵奋勇作战。

在蜡像馆的二楼，还展出当代各国领袖的蜡像。比如英国女王和她的丈夫菲利普亲王，查尔斯王子和新婚打扮的戴安娜王妃，英国首相“铁娘子”玛格丽特·撒切尔夫人，约旦国王侯赛因，中国的毛泽东主席与美国尼克松总统并肩交谈的蜡像及邓小平与里根会晤时的场景，等等。这个展厅是随着世界政治风云的变幻而变化的，如果某一国的政治首脑换了，那么他的蜡像就会被搬走而换上继任者的蜡像。

▼ 杜莎夫人蜡像馆的蜡像逼真程度被誉为世界第一。

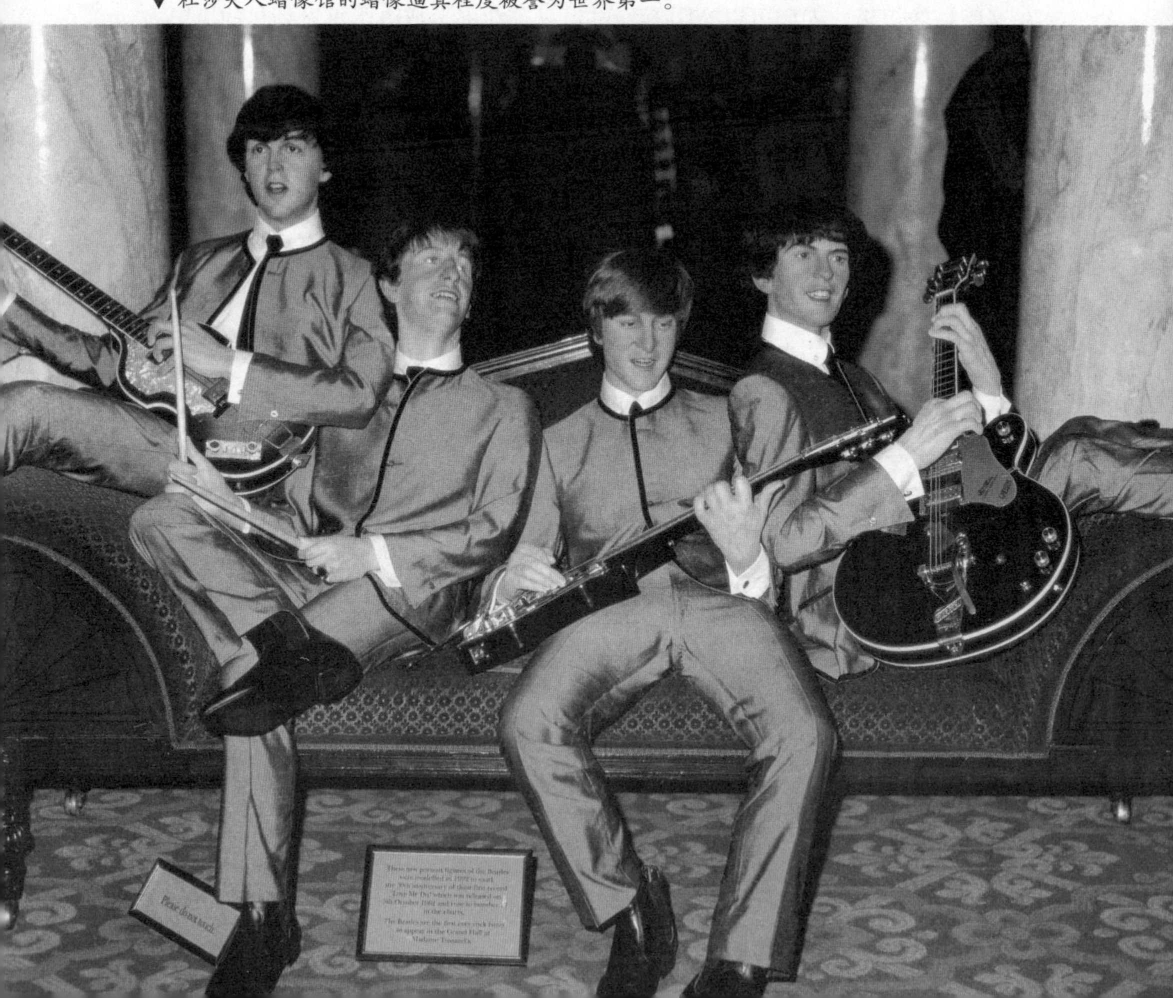

杜莎夫人蜡像馆的蜡像逼真程度被誉为世界第一，是世界上其他蜡像馆不能比拟的。由于蜡像制作技艺的精湛，不少观众到蜡像馆后都觉得扑朔迷离，难辨真假。比如在蜡像馆的入口处，站立着一位笑容可掬的侍者，许多参观者把他当作真人而向他点头问好，待看到他仍是那副笑吟吟的模样无其他反应时，才恍然大悟到这是一座蜡像。蜡像馆的工作人员还采用真真假假的手段，增强展出效果：特意让一些真人穿上过去时代的服装，站立在蜡像之中，观众如果想去抚摸他时，有可能那个“蜡像”会突然讲话，使观众大吃一惊。至于蜡像馆中的一位“睡美人”，更是令人叫绝：她美貌迷人，白嫩的皮肤下似有血液在流动，她闭着双眼，酣睡帐中，让观众疑心是真人装扮，而当观众摸到睡美人的皮肤时才发现没有体温，原来又是蜡像！

杜莎夫人蜡像馆的最大特色除了几可乱真的蜡像外，就是精心营造出的各种情境，其中以恐怖屋最为出名。在阴森灰暗的地牢中展示各种犯罪行为，包括伦敦知名的开膛手杰克。进入蜡像馆后首先来到花园派对展览区，可看到许多运动和影视明星蜡像，接着来到蜡像制作工作室，播放制作蜡像的过程录影片，以及相关模型。杜莎蜡像馆的“伦敦精神”，用乐园电动车的方式介绍伦敦400年来的历史，以伦敦自鼠疫、大火中重生至今的现代化来呈现伦敦精神。

英国警察总部博物馆
——英国

英国警察总部博物馆以展示多种多样的歹徒犯罪工具为主，是一份完整的犯罪活动大全。很多人都认为这个博物馆的展品虽令人毛骨悚然，但保存这些展品既有历史意义，又有教育意义。

博物馆概况

英国伦敦警察总部位于伦敦市泰晤士河河畔，是一幢灰色尖顶的高大建筑。四周芳草如茵，楼前喷泉四溅，阳光下闪烁着七彩的光芒，草坪上孩子们在嬉戏耍闹，一幅非常美丽而又和平宁静的图画。然而就在这幅美丽图画的中心，那幢高大的建

▼ 伦敦警察总部的标牌。

筑物的地下室里，却有着和这幅图画截然不同的世界，一个充满着血腥、罪恶、凶杀、残忍的世界，这就是世界上著名的英国警察总部博物馆，又叫伦敦苏格兰场博物馆。

这个博物馆建于1879年。当时，伦敦有一个官员受命专门搜集暴徒、拦路抢劫以及其他歹徒作案的工具。天长日久，他搜集了许许多多这类东西，并且由于歹徒犯罪手段愈来愈狡猾，这些工具亦愈来愈奇巧复杂，愈来愈名目繁多。仅是撬保险柜的工具就有各种各样的扳子、凿子、钩子甚至各种钻头、炸药等。警察总部对这位官员所收集的东西异常重视，因为它们可以识别罪犯的作案手段，帮助警察破案。于是这个博物馆就诞生了。

如果有人不相信英国人在创作出世界上最耸人听闻的侦察小说的同时，也在现实生活中创造着最耸人听闻的案例的话，那么到这儿一看，就会深信不疑了。这个博物馆集各种罪行之大成，可称举世无双。一间接一间的展览室里，一排接一排的架子上，放满了各式各样的物证，正是这些东西，使一个个最狡猾的歹徒都难逃法网。

这儿有投毒犯用过的小瓶；有作伪者使用的工具；也有强盗小偷使用的器材；还有内藏剧毒尖刀的公文包；所有这一切都被分门别类，登记编号，成为一份最完整的犯罪活动大全。苏格兰场承认，这个博物馆的展品令人毛骨悚然，可是他们认为，保存这些展品，既有历史意义又有教育意义。

展厅展示

在博物馆中，有一只普通的小玻璃瓶，里面装了几颗结石和假牙，也就是这几个结石与假牙将凶手带进了法庭，接受了法律的宣判。这几颗结石和假牙的主人叫多朗·迪孔夫人，她是一个富有的寡妇，后来嫁给一个叫约翰·海的男人，没想到，约翰·海却是一个惨无人道的杀人犯。他利用寡妇害怕寂寞的心理勾引她，然后把她杀掉，吞没她的钱财。这个恶棍已经杀害了几个寡妇的性命。他采用的方法是把她们杀死后浸入强酸溶液中毁尸灭迹，所有的尸体都化为云烟而荡然无存。然而当他毁灭多朗·迪孔夫人的尸体时，那几颗坚硬的结石和假牙竟然抵御住了强酸的腐蚀，留下了罪证。约翰·海终于落入法网，结束了其罪恶的一生。

同样的案例还体现在一只老式浴缸上，这只其貌不扬的老式浴缸记载着20世纪30年代英国报纸上轰动一时的“浴缸艳尸案”。凶手史密斯把和他结婚的新娘——不是一个，而是一个接一个地淹死在浴缸里。如今凶手早已化为泥土，而这只浴缸作为他残忍血腥的见证永远保存在博物馆里。

指纹辨认术可以说是英国警察总部的一大发明，指纹鉴定法是英国人研究出来的。一个人的指纹终身不变，世界上没有两个绝对相同的指纹。根据这一点可以更有效地识别身份，帮助警察确认罪犯。英国人在1895年就已开始使用此法，这种方法很快推广到各国刑事当局。在博物馆陈列着一个番茄沙司瓶，旁边的说明牌，告诉观众瓶上有几个可供辨认的“飞车团”盗匪的指纹。“飞车团”是一伙偷盗集团，撬门开锁，打家劫舍，手段非常高明，而且十分精于掩盖犯罪痕迹，常常烧掉他们曾待过的房子，使一切痕迹化为乌有，给破案工作带来极大困难。但是有一次这伙强盗把一只番茄瓶遗忘在未焚毁的房子里，警察通过指纹辨认术，终于查出了罪犯。

在这个博物馆的一间阴森的房间里还陈列着37个用黏土从死刑犯脸上印下的面模，分别吊在形式不同的绞刑环上。这些面模是为了验明罪犯正身复制的，是维多利亚时代纽盖特监狱被绞死的囚犯的面模。复制的面模非常逼真，连死刑犯颈上的绞索痕迹都看得清清楚楚。当时有一些罪犯为了逃避法律的制裁，曾花大价钱买替身替自己上绞刑架。因此，如果警方对被处死的囚犯产生怀疑，就要复制一具面模和罪犯的照片对照，以免使真正的罪犯漏网。

英国警察破获现实社会中奇特复杂的各类杀人案、抢劫案、间谍案、绑架案、伪造案等案件中，显示了高超的侦破技术。当然，在面对丧心病狂的罪犯时，警察不仅需要科学的侦破方法，更需要胆量和牺牲精神。在这个博物馆里，陈列着一件浸透鲜血、弹迹累累的血衣，它就是警察为维护社会治安而付出生命代价的见证。1974年，在伦敦圣詹姆斯林荫大道上，几个歹徒企图绑架安尼公主，负责一名保卫的警官奋不顾身上前保护，用自己的胸膛挡住了歹徒射来的三颗子弹，身负重伤。这件血衣就是那位警官当时穿的衣服。

博物馆里还陈列着属于英国历史上最后被处绞刑的女人罗丝·埃里斯的手枪，她用这把手枪杀害了自己的情人；有杀人犯邓尼斯·尼尔森毁掉罪证的烤炉；有署名“大盗杰克”的一张写于1880年9月的明信片，明信片上公开向警察挑衅：“我老是听到人说警察抓住我了”；还有一张伪造的珍贵邮票等等。

当人们从这个黑色血腥、令人毛骨悚然的博物馆走到蓝天草地中来，会不由自主地想到：为了社会的安宁，正直的警察们付出了许多许多。

▲ 摩纳哥海洋博物馆临海而建，是全世界最早最大的海洋博物馆。

摩纳哥海洋博物馆
——摩纳哥

摩纳哥海洋博物馆是世界最早最大的海洋博物馆，它拥有世界上最丰富的海洋藏品，以及一流的科学实验室，它将科学性、艺术性进行了有机交融，因此在国际上享有盛誉。

博物馆概况

在法国东南部的地中海沿岸，有一个小海湾，全部面积只有近 1.5 平方千米，然而世界上许多人对这个小海湾却不陌生，因为它的名字叫“摩纳哥”。摩纳哥是欧洲四个袖珍国之一，有世界最著名的大赌场。和它的赌场一样吸引着世界游客的还有一个全世界最早最大的海洋博物馆。

这是一个令人震撼的博物馆，它屹立在摩纳哥海岸上，高出海面 85 米。这个从 1910 年开始动工的博物馆花了 11 年时间才建成，整个建筑重 10 万吨，而它在科学上的重量更是无法估量的，因为它拥有世界上最丰富的海洋收藏品，以及一流的科学实验室。在 1910 年阿尔贝国王发起创建这个博物馆时，就强调了博物馆的科学性。国王曾说："我打开摩纳哥海洋博物馆，并将它移交给进行科学研究的人们。通过国家具有开拓性的发展，摩纳哥将成为世界海洋研究中心"。

阿尔贝一世于 1848 年生于巴黎，1870 年参加法国海军。他从青年时代起就对海洋学产生了浓厚的兴趣，于是把特许开设赌场获得的大笔收入用于海洋科学研究。1873 年，他买下了"燕子"号考察船，对地中海进行为期多年的科学考察。自 1885 年至第一次世界大战爆发，他同世界许多科学家一起进行了 28 次远洋考察，搜集了无数海生动物和植物的标本。阿尔贝一世把一生献给了海洋研究，被誉为海洋科学的创始人。现在他记述探险经历的珍贵手稿也陈列在这所博物馆里。

展厅展示

摩纳哥海洋博物馆建立于 1910 年，是世界上最早的海洋博物馆。它背山面海，透过正厅的巨型玻璃，可以看见浩瀚的地中海，里面陈列着从古至今的渔船模型、各种海兽海鱼的骨骼标本、各种各样的捕鱼工具以及各种观赏鱼等，它把科学性、艺术性有机交融，在国际上享有盛誉。这座宏伟壮丽，别具一格的大厦里的一切，都会使参观者想到海洋。大门正面和门楣上方雕刻着神话里的人鱼公主和海神、海兽及海龟的形象。入门处是阿尔贝一世站在快艇上乘风破浪的塑像。正厅近面的墙上镶嵌着一块巨大的玻璃，透过它，可以看到水天一色、浩渺无边的地中海。

这里最能引起参观者浓厚兴趣的是海洋动物陈列厅。各种海兽和海龟的骨骼标本排满了大厅，大厅正中耸立着最凶猛的抹香鲸和逆戟鲸的巨大骨架。两旁的大陈列架上，摆着许多玻璃缸，里面是浅海动物标本，如虾、蟹、海星、海参、牡蛎、海葵等，还有一种非常有趣的鱼叫"海公鸡"。海公鸡的形状与陆地上的公鸡完全不一样，因为它的叫声远远听上去就像一只公鸡啼鸣似的，因此，人们给它起名为"海公鸡"。在这间陈列厅的墙上，还有一个卵形的鱼叫"翻车鱼"，它的身体接近圆形，两侧有鳍，主要生活在热带海洋中。人们在这里还可以看到许多奇怪的海洋动物。

在海洋器具陈列厅里，陈列着海洋学家们研究海洋的各种仪器和用具，以及各种捕捞工具。捕获浮游生物的小网用比头发丝还细的线编成，看上去晶莹闪亮，仿佛用玻璃制成的，巧妙奇特得让人难以想象。这里还有两个密封的香槟酒瓶，系在一条 0.5 米长的绳子两端，其中一个装着一些沙作测锤用，另一个是空瓶，漂浮在水面上，这就是海洋科学家们在研究海洋时所用的浮子。

在海洋器具陈列厅里，还展出了许多其他现代海洋地理学方面应用的仪器和设备，如水位自动仪和水波流动自记仪等。通过这些展品，观众可以了解到近百年来海洋科学迅速发展的过程。在海洋物理和海洋化学陈列厅里，则可以看到用直观方法展示的不同深度条件下水的特性、水的温度、水压和气体状态，以及地球上各大海洋的立体模型。

博物馆的东大厅是实用海洋厅，这里的玻璃柜里陈列着从各个海洋捕获的有经济价值的鱼类，海兽和海鸟的肉，鳕鱼油、鲸鱼油、蟹、软体动物，藻类，工业生产用的脂肪、皮、各种化学制剂，以及农业上用的鱼肥和饲料鱼粉等等。博物馆的二楼陈列厅里，陈列着各种各样的海船模型。

博物馆地下室水族陈列室里放着大大小小的鱼缸，每只缸里都有一条海洋中的动物，这些动物形状各异，色彩不一，千奇百怪。如在一个大玻璃柜中养着一条大章鱼，它有 8 只长长的腕足，上面满是吸盘，硕大的身躯像一只口袋，一双眼睛跟人眼似的，炯炯发光，嘴是角质的，就像鹦鹉的喙，可怕极了。还有一个玻璃缸里养着一条 1.5 米长的海鳝，龇牙咧嘴，露出几百颗锐利的毒牙。这里还有 40 多年前从亚速尔群岛运来的玳瑁，还有海葵和海百合。它们漂浮在水里，花瓣悠悠荡荡，时开时合。至于那众多色彩绚丽的观赏鱼类更是光怪陆离，让人流连忘返。在这个博物馆里，人们不仅处处看到与海洋有关的一切，嗅到海水独特的气息，而且可以学到丰富的海洋知识。

阿姆斯特丹国立美术馆
——荷兰

阿姆斯特丹国立美术馆是荷兰最具代表性的美术馆，可谓集荷兰绘画之大成。馆内收藏品以 18 世纪后半叶荷兰总督威廉五世的藏品为基础，后又有补充。此外还收集有荷兰工艺品。

博物馆概况

阿姆斯特丹国立美术馆位于辛格运河岸边，是一幢华丽雄伟的红色砖瓦建筑。它由设计师凯尔贝斯设计，于 1885 年建成。

阿姆斯特丹美术馆前身是皇家美术馆，最初以特利普家族的宅邸为收藏之所，

▼ 阿姆斯特丹国立美术馆正面墙壁。

于 1817 年向民众开放。1885 年，改建后的美术馆重新开放。

博物馆收藏

阿姆斯特丹国立美术馆内的收藏主要以 18 世纪后半叶荷兰总督威廉五世的藏品为基础，后来路易・波拿巴又加以充实。目前，馆内藏品仅绘画就有 5 千多幅，荷兰 15 至 19 世纪的绘画史可一目了然，其中又以 17 世纪美术黄金时期的作品最多。馆内还收藏有 3 万件雕刻，1.7 万件历史文物，3 千件东方美术作品等等。本馆是荷兰最具代表性的大美术馆。

美术馆除了原收藏品外，也汇集了散落于哈勒姆和海牙等地的作品，可谓集荷兰绘画之大成。此外，还汇集有荷兰工艺品。

镇馆之宝

《夜巡》

此画可以说是伦勃朗艺术和生活的一个重要转折点。

此画是为阿姆斯特丹城射手连队画的一幅群像。射手们每人出 100 弗罗仑（荷币），各自认为自己理所当然地与别人站在同等的位置。然而，伦勃朗却没有按照这些人的要求和趣味，把射手们安排在豪华的宴会或欢快的娱乐中，去表现每个人物多少带有些做作的豪情和风姿，如哈尔期常做的那样更没有把众多的人物并列起来，仅仅作为肖像来画。画家为了不使众多的人物拥塞在画面，对构图进行了精心设计，尽量使每个人都能看见又安排得错落有致，同时还使中心人物斑宁・柯克中尉及副手极为突出。此画的光和色彩的表现也是令人惊叹的。原画表现的是白天，因长期烟熏，颜色变黑，人们误称为“夜巡”。这幅杰出的艺术佳作却满足不了枪手们的趣味而导致画家迅速步入不幸之中。它引发了 17 世纪荷兰的艺术赞助人的价值观与画家个人追求之间微妙的关系的转变。

▲ 梵蒂冈博物馆内处处皆景，充满了艺术气息。

梵蒂冈博物院
——梵蒂冈

梵蒂冈博物馆是世界上最小的国家博物馆，位于具有“国中之国”的梵蒂冈市内。这里收藏着不同国家、不同民族五光十色的文物珍宝和艺术大师的杰作。

博物馆概况

梵蒂冈博物院位于意大利首都罗马一角的教廷所在地、“国中之国”的梵蒂冈市内。它南邻著名的圣彼得大教堂，共由 12 座建筑年代不同、建筑风格各具特色的收藏馆组成。展览面积达 5.5 万平方米，收藏着不同国家、不同民族五光十色的文物珍宝和艺术大师的杰作。

博物院的12座建筑中首先要数教皇宫，这是15世纪晚期教皇尼古拉五世仗着自己的权势，督率大批艺术家和雕塑高手及能工巧匠昼夜赶工建成的，精雕细刻，集富丽堂皇之大成。以后的教皇也不甘落后，大兴土木，从而为后世留下了一座建筑杰作。最晚的一座竣工于1970年，是用来收藏格里高时代的世俗艺术品、基督教早期艺术品和传统民俗艺术品的现代建筑。

教廷收藏艺术品始于1503年教皇尤里乌斯二世在位之时，他把文艺复兴时代的艺术大师米开朗琪罗和拉斐尔吸引到了梵蒂冈。他让米开朗琪罗为西斯廷教堂制作天顶画，委托拉斐尔为他的私人套房搞装饰，他本人拥有大批文物。教皇们为了搞到艺术珍品费尽心机，不择手段，利用权势和影响，搜集了大量的文物，由此使现代宗教艺术馆得以建立。公元前1世纪著名的雕塑群《拉奥孔》出土后，买主不可胜数，教皇尤里乌斯利用权势把罗马政府中的一个肥缺给了宝物的主人，把这件宝物弄到手。

梵蒂冈的艺术宝藏虽然有许多打上了宗教的烙印，但它们是世界各国无数艺术家和劳动者心血的结晶。历史翻过了一页又一页，这些艺术瑰宝将永远闪耀着不朽的光辉。博物院无愧于世界上最古老、最宏大的博物馆之一这一赞誉。

展厅展示

博物院的珍宝是按照不同内容分馆展出的，有“埃及馆”、“画像陈列馆”，陈列雕刻作品的“庇护——克里门汀馆”，展出东方艺术品的“拉特兰馆”以及“埃特鲁斯卡馆”、“挂毯廊”、“地图廊”等。地图廊里面铺满地图，其中有意大利的地图40幅，有境内地理和沿海岛屿图、古今地形图解以及热那亚、威尼斯等城市的地图。它们都出自16世纪数学家、天文学家和建筑师伊格拉齐奥·旦丁之手，他用了3年时间，在1583年完成，代表了当时地理学与地图学的巨大成就。

专门陈列拉斐尔作品的“拉斐尔馆”，是最吸引人的中心之一。在16世纪，他和达·芬奇、米开朗琪罗并称文艺复兴艺术上的三杰。在他37年短暂的人生历程中，不仅为后世留下了一批稀世绘画作品、建筑设计图等，他还奉命为教廷绘制壁画10年，其中总名为《教权的建立和巩固》的壁画中，他用现实的手法表现了血肉之躯的人世生活。在“签字大厅”进门两侧墙上他画了《辩论会》和《雅典学院》，前者表现古代哲人的交谈辩论，后者则描写大哲学家苏格拉底、柏拉图和数学家欧几里得等聚会的情景，这都成为他遗留下来的伟大艺术遗产的重要部分。

来到西斯廷小教堂里，人们可以看到米开朗琪罗用四年时间，在300平方米的天花板上完成的天顶画《创世纪》。这位参加过反美第奇暴政起义的斗士，在他画的圣经故事中，表现了想象中的英雄和巨人。据说他绘完这幅画时，脖都歪了。他还被迫为教皇绘制了高20米、宽10米的《末日的审判》这幅极为宏大、复杂的壁画。他用雄浑、刚健的笔触抒发了自己爱憎分明的善恶观。面对如此惊心动魄的艺术杰作，每一个参观者都不能不久久驻足沉思。

这座博物馆里还收藏有不少出土于墓葬中的金、银和青铜制品以及收集来的令人惊叹的工艺品、绘画作品等。值得一提的是，这里还有一座收藏达50多万件手抄本和印刷品的图书馆，其中有许多是历任教皇和欧洲一些王室贵族的藏书。在陈列柜中摆有誊抄在羊皮纸上的圣经；有1612—1659年中国地图的手抄本，翻开的一页上，是详细描绘的湖广地图。在这里能看到多种版本的圣经，大的长约二尺，宽有尺半，厚也有尺余，小者长不过寸半，宽约一寸，厚仅三分，只有用放大镜才能看清。

镇馆之宝

《雅典学院》

在这幅画中，作者运用浪漫主义想象，把古希腊不同时期的大哲学、思想家、科学家安排在一起，洋溢着探讨学术和自由辩论的气氛。表现了这些大学问家的不同性格和丰富的精神面貌，让每个人充分自由发挥自己的才智，体现了文艺复兴时代人文主义者的主张和追求。

全画以纵深展开的高大拱门为背景，大厅上汇聚的学者们在自由地讨论，气氛热烈，两边的壁龛里站立着智慧女神雅典娜和音乐之神阿波罗的雕像，象征着高于一切的理性精神。画的中心的巨大拱门直通遥远的天际，好像画中的人物是从远方沿着走廊走来的一样，使画面显现出层次感。画的中心是两位伟大的学者柏拉图和亚里士多德，他们的手势代表着他们在进行一场激烈的辩论。柏拉图手指向上表示宇宙理念从感性世界

◀ 博物馆内收藏的著名画家拉斐尔的绘画作品《雅典学院》。

向它的主要理想上升的运动，亚里士多德把手向下伸向前方，表示他的哲学主要是论证地球的起源。

全画还有另外两个中心，与此构成了三角形的结构。右方前景以几何学家欧几里得为中心，围绕的人物有的站立，有的跪下，他正用圆规在石板上进行计算。左方前景的中心是四算术、几何、音乐、天文四个学科的创始人毕达哥拉斯，这位被人文主义者称为科学之父的希腊伟人强调和谐与秩序的观念，相信灵魂的发展趋向于获得知识，而这本身就是画家为这个大厅作整体构思的基础。在这个以三个中心构成的图画中，作者把古希腊哲学家赫拉克利特置于左右前景的中心，即画面中心人物柏拉图和亚里士多德的前面。这样就以一点使画面更加突出，三角形的结构也就显得更为丰满。

此外，《雅典学院》里包含了众多古代的著名人物，如齐诺、索多马、亚历山大、苏格拉底等。拉斐尔自己也站在正在讨论的波斯先知琐罗亚斯德和地理学家托勒密身边，眼神看着观看者的方向。

总的来看，整幅壁画具有强烈的纪念碑倾向，人物的性格描绘异常明确。建筑背景受彼得大教堂建筑规划的影响，是文艺复兴时代纪念性建筑形象中最典雅的形象，是盛期文艺复兴精神最纯粹的表述。

《创世纪》

米开朗琪罗为罗马西斯廷教堂创作的巨幅天顶画《创世纪》，作品场面宏大，人物刻画震撼人心，它分布在该教堂整个长方形大厅的屋顶。整个屋顶长 36.54 米，宽 13.14 米，面积达 480 平方米。其中《创造亚当》是整个天顶画中最动人心弦的一幕，这一幕没有直接画上帝塑造亚当，而是画出神圣的火花即将触及亚当这一瞬间：从天飞来的上帝，将手指伸向亚当，正要像接通电源一样将灵魂传递给亚当。这一戏剧性的瞬间，将人与上帝奇妙地并列起来，触发我们无限的敬畏感。

体魄丰满、背景简约的形式处理，静动相对、神人相顾的两组造型，一与多、灵与肉的视觉照应，创世的记载集中到了这一时刻。上帝一把昏沉的亚当提醒，理性就成了人类意识不停运转的“机器”。亚当慵倦地斜卧在一个山坡下，他健壮的体格在深重的土色中衬托出来，充满着青春的力与柔和。他的右臂依在山坡上，右腿伸展，左腿自然地弯曲着。他的头，悲哀中透露着一丝渴望，无力地微俯，左臂依在左膝上伸向上帝。上帝飞腾而来，左臂围着几个小天使。他的脸色不再是发号施令时的威严神气，而是又悲哀又和善的情态。他的目光注视着亚当：他的第一个创造物。他的手指即将触到亚当的手指，灌注神明的灵魂。此时，我们注意到亚当不仅使劲地移向他的创造者，而且还使劲地移向夏娃，因为他已看见在上帝左臂庇护下即将诞生的夏娃。我们循着亚当的眼神，也瞥见了那美丽的夏娃，她那双明亮妩媚的双眼正在偷偷斜视地上的亚当。在一个静止的画面上，同时描绘出两个不同层面的情节，完整地再现了上帝造人的全部意义。

▲ 《拉奥孔》是一组大理石群雕，被誉为是古希腊最著名、最经典的雕塑杰作之一。

《拉奥孔》

现存于梵蒂冈博物院中的《拉奥孔》是一组大理石群雕，高约 184 厘米，阿格桑德罗斯和他的儿子波利佐罗斯、阿典诺多罗斯三人创作于约公元前 1 世纪，1506 年出土于罗马。

这组群雕被发现的时候，拉奥孔的右臂已经遗失，并且两个孩子当中一个遗失了手掌，另一个遗失了右臂。但如今都被补全。雕像中，拉奥孔位于中间，神情处于极度的恐怖和痛苦之中，正在极力想使自己和他的孩子从两条蛇的缠绕中挣脱出来。他抓住了一条蛇，但同时臀部被咬住了；他左侧的长子似乎还没有受伤，但被惊呆了，正在奋力想把腿从蛇的缠绕中挣脱出来；父亲右侧的次子已被蛇紧紧缠住，绝望地高高举起他的右臂。那是三个由于苦痛而扭曲的身体，所有的肌肉运动都已达到了极限，甚至到了痉挛的地步，表达出在痛苦和反抗状态下的力量和极度的紧张，让人感觉到似乎痛苦流经了所有的肌肉、神经和血管，紧张而惨烈的气氛弥漫着整个作品。

古城庞贝
——意大利

庞贝古城是一座人间最悲惨的地下遗址博物馆。因为灾难的突然降临，古城毁于一旦，城内的一切瞬间凝结，被深埋地下。因此，人们在这里可以真切地看到古罗马时代的城市生活场景。

博物馆概况

庞贝，这个举世闻名的游览胜地，是一座人间最悲惨的地下遗址博物馆。庞贝城位于意大利首都罗马东南240千米的那不勒斯海湾，离维苏威火山南麓不到2千米。该城建于公元前6世纪。公元前79年8月24日，维苏威火山突然喷发大量岩浆，先是直冲云霄，高达数千米，然后向四周冲泻，燃烧着火的碎石像冰雹那样从天上猛砸下来。亿万吨的火山石、火山灰撒向火山周围的整个地区。古城庞贝顷刻之间遭受灭顶之灾，整座古城连人带房舍被埋进了6米多厚的炙热的火山灰、石之下。岩浆渐渐冷却以后，在地面上凝结了厚厚的一层硬壳，后来又在上面积起了2米厚的沙土。

从此，这座繁荣一时的古城从地面上消失了，在地下沉睡了将近1700年光景。直到1748年，当地的农民在耕作时偶然发现了一些古代的石像、石碑类的物品，才又引起人们的注意。考古工作者断断续续进行了近200年的发掘整理，使这座古城重见天日。古代的这座城池，是有极高价值的遗迹，是一座非常特殊的博物馆。人们在这里可以真切地看到古罗马时代的城市生活场景。

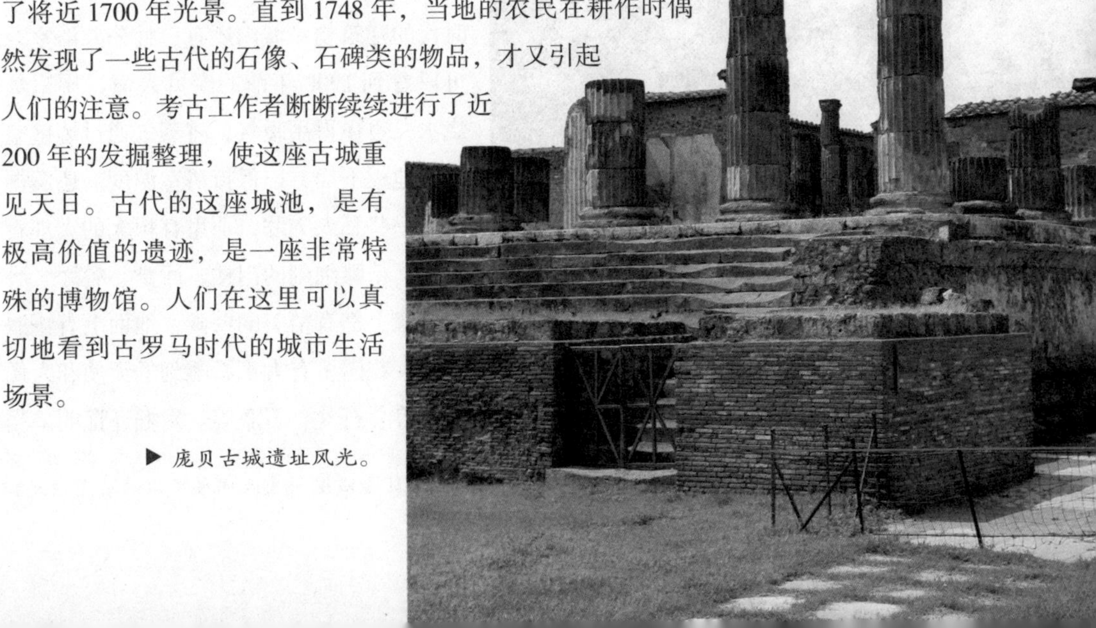

▶ 庞贝古城遗址风光。

展厅展示

由于灾难突然降临，古城顷刻间毁于一旦，又是被炙热的火山熔岩掩埋，因此城市的许多部分都照当时的原样保留了下来。经过发掘整理后可以清晰地辨别出庞贝城占地约 63 公顷，建筑在椭圆形台地上，围有 3 千米长的城墙，共有 8 座城门，城内纵横各有两条大街呈“井”字形相交，全城分为 9 块地区，每个地区都有大街小巷，路面用巨石铺成，街两旁均有稍高一些的人行道。

主要大街的路面上还有清晰可辨的马车辙印，街道两旁的建筑物还残留着断垣残壁，一些门窗及室内的一些家具、用具、器皿等也完好无损。人们竟然还在烤炉内找到面包，在食橱内发现熟鸡蛋。

庞贝古城内建有良好的供水系统，砖石砌的引水渡槽，从城外山上引来泉水，每个十字路口设有公共水槽，富人邸宅的庭园内有水池喷泉。城内有一长方形广场，为当年全城宗教、政治、经济活动的中心，是政府、法庭和庙宇的集中地。广场四周残留着高十多米、粗可合抱的石柱、雕刻精致的大理石门框以及高出地面 1 米多的石板地基。可以推想这里建筑物的宏伟气魄。在广场建筑物的墙壁上，还留着当年竞选的口号。

城东南，有一个可容纳 5000 名观众的圆形露天竞技场，约建成于公元前 70 年，是举世闻名的罗马科洛塞奥斗兽场同时代的建筑物。城内还有三处公共浴室，可以看到 1900 年前的庞贝人懂得用锅炉烧水，也懂得用暖气，将蒸气通过墙壁空间和地板下面，以保持浴室温度。还发掘出来一些私人宅邸，那里有粗大的大理石圆柱，精雕细刻的门楼、厅堂、餐厅、卧室的墙上都有精美的壁画，地面上有镶嵌图案，花园里有大理石雕刻的天使和人像及禽兽、石盆、石瓶等。发掘还证明，当

◀ 庞贝古城是一座人间最惨烈的地下遗址博物馆。

时庞贝已拥有多种手工作坊和商店，并达到了相当规模。此外，还发掘出有大量劳动工具、武器、钱币、衣服之类的生活用品以及手镯、耳环、宝石等装饰品，有高利贷者的债本、借贷者的借据、商人的账本和政府的布告。

最有历史价值的是一批后人用石膏浇注成的那些当年受难的人、畜的“塑像”。火山突然爆发时，城市内大约有2万人，其中约有2千人未能逃脱，与城池同归于尽。火山岩浆倾泻而下，一瞬间把人、畜包裹在岩浆内，随后岩浆冷却凝固，历经千百年，肉体腐烂，在岩石内部留下了人、畜形空壳。

今天人们将岩石小心剖开，浇上石膏，就成了一尊尊石膏塑像，再现了当时这些人、畜面临突发事件时所表现出来的恐惧神态。如一小女孩搂住母亲哭泣；临死紧紧抓住钱袋的乞丐；顶着枕头在街上狂奔的人；一条家犬力图挣脱紧锁的铁链；最惨的是一群被铁链锁住而无法挣脱的角斗士。这些塑像就放置在当年他们倒下的地方。

古城的再现，让今天的人了解到一场大自然灾难带给人们的苦难。

达·芬奇科学博物馆
——法国

《蒙娜丽莎》《最后的晚餐》使人们记住了意大利画家达·芬奇。其实，达·芬奇不仅仅是一名画家，还是建筑家和科学家，走进达·芬奇科学博物馆，你就能领略到达·芬奇无与伦比的智慧和才能。

博物馆概况

达·芬奇是意大利文艺复兴时期伟大的画家、艺术巨匠，他那脍炙人口的壁画《最后的晚餐》和肖像画《蒙娜丽莎》，无不让人为之赞叹。可是，关于达·芬奇还是一位科学家和工程师的事，恐怕很少有人知道。现在不妨看看以他的名字建立的科学博物馆吧。

◀ 达·芬奇是意大利文艺复兴三杰之一，也是整个欧洲文艺复兴时期最完美的代表。图为达·芬奇肖像画。

在意大利北部的米兰市，有一座圣威多雷教堂，它的隔壁是一座建于16世纪的修道院。1953年，米兰市政府为了纪念达·芬奇诞辰500周年，决定将重新修建过的修道院，创办一座以达·芬奇名字命名的科学博物馆。

展品中有达·芬奇有关人体解剖的素描及笔记和对人体血液循环病理研究的论述；试验以人力带动木制翅膀仿照鸟类升空的人力扑翼机模型；设计的四角锥形最早的降

落伞；为疏浚河道而构思的挖泥铲等。达·芬奇的城市规划和大型建筑设计模型，与现代建筑学的要求几乎相同；其里程计、湿度计等仪表设计原理及战车、战船、大炮的设计稿，均近似现代科技成就。该馆一层设有船的历史、蒸汽动力的发展等展项；二层展出计时器、乐器、测量仪器、电讯电话、照相机、印刷机等；地下室展出马具、武器等；楼外还有铁路交通和海空交通两个馆。

展品展示

达·芬奇不但是伟大的画家，还是建筑家和科学家。他颇有建筑才能，这在他的设计图稿中充分体现出来。达·芬奇的都市建设计划具有相当高的全局性、长远性，与现代理想的都市设计相去不远。在达·芬奇科学博物馆中展示了由他的草图而制作的模型，把包括开发卫星城市以及分散当时大都市人口的过度膨胀，以及下水道、道路宽度与建筑物高度的关系，通风与日照采光等问题都考虑到了。在道路交通方面，他采用立体交叉道路及地下道所构成的有系统的道路体系来解决市区里的交通拥挤问题。住宅采用多层大厦式建筑以便能容纳更多的人。剧场则采用新颖的双楼梯建筑。这些设计虽未被采纳，但充分显示了他在建筑上的奇异才能。

达·芬奇在科学技术方面的才能在当时也是无与伦比的，许多天才设想已经超出了当时的环境所限，竟与现代人的想法不谋而合，后世的许多发明，在达·芬奇的笔记中都有所提及。

在交通工具方面，达·芬奇无论对车、飞机、轮船都有自己的构想。在达·芬奇的手稿中，遗留着有关鼓翼飞机以及直升飞机的设计图与构想图。达·芬奇科学博物馆中展示了根据达·芬奇手稿而制成的“飞翔天空的船”，这种船装有类似蝙蝠翅膀的船翼和水平尾翼。与此相配合，他还设计了降落伞的构造，这可称最早设计的科学降落伞，这种降落伞也由达·芬奇科学博物馆根据其手稿制成了模型。达·芬奇从实践出发，设计了多种用途的船只，有疏浚船、掠夺船、突击船和军舰等，这些船都被制成模型展示。他设计的疏浚船由两条小船组成，两船之间高架一滚轴，滚轴上装有几个挖泥铲，形状与近代的大致相同，这样，只要转动滚轴，便可进行挖泥，并且还可以调动轴的高度来控制挖掘的深浅。

另外，达·芬奇的手稿中还有不少车轮设计，并设计了具有刹车的车轮。馆里陈列着达·芬奇设计的自行车画稿，驱动后轮的链条与现代的结构相同，陈列品中有一辆1880年生产的自行车，前轮直径不过四五十厘米，后轮特大。达·芬奇科学博物馆里还展示有达·芬奇自动车的模型，这些模型堪称为汽车的原型，在当时没有燃料作动力的情况下，他运用了弹簧，把动力储存于几个弓形的弹簧内，再将动力传送到齿轮以带动车轮，他设计的自动车样式颇似后来很久才发明的三轮车。

达·芬奇通晓机械原理，他根据需要设计了许多机械装置、工具设计图。达·芬奇科学博物馆把很多设计图制成了模型供人参观，其中有掘削机、回转起重机、附自动装置的锻造锤、橄榄油榨油机等。最有价值的是他设计了透镜研磨机，这基于他对视力的观察和研究。他不但通晓眼睛的构造，而且还在此基础上，进一步探究了凸透镜和凹透镜的特性，他特意研究出了矫正视力的光学眼镜的正确制造方法。

通过对达·芬奇科学博物馆的参观，我们会加深对达·芬奇一生的了解，加深对他的敬仰。他不仅为人民留下了许多不朽的艺术作品，在自然科学方面，也作出了重要贡献。这座博物馆是目前世界上唯一展示他在科学技术方面对人类作出重要贡献的科学博物馆。

▼ 图为达芬奇设计的恒动机械设备手稿。

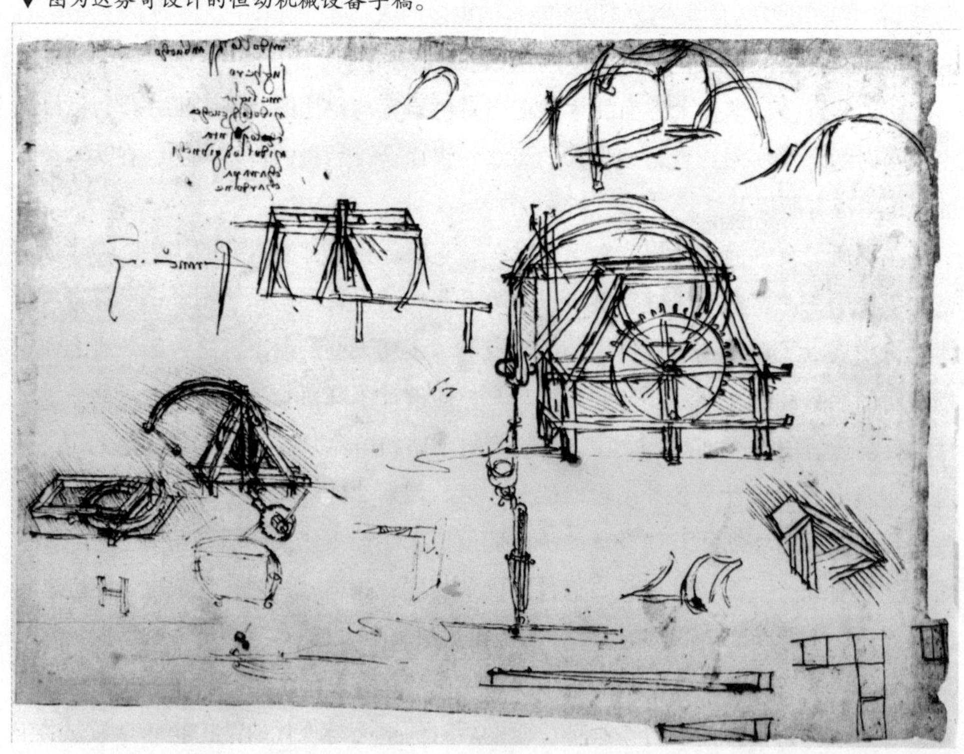

▲ 特洛伊古城因考古者的热情而重见天日

雅典国立考古博物馆
——希腊

考古博物馆是雅典最大、藏品最丰富的博物馆，同时也是希腊最大的古文物博物馆。馆内收藏文物近 2 万件，绝大多数文物反映了希腊神话中的内容，称得上是艺术性和知识性的完美代表。

博物馆概况

雅典国立考古博物馆是雅典 20 多所博物馆之中最大、收藏最丰富的一个博物馆，也是希腊最大的古文物博物馆，并且已经成为首都雅典重要的参观景点之一。博物馆建于 1866—1889 年，收藏了希腊各地出土的各个时期价值极高的文物。博物馆有大厅、陈列室等 50 多个房间，收藏文物近 2 万件。绝大多数文物反映了希腊神话中的内容，可谓集古希腊文物之大全。前厅的中路是迈锡尼文物陈列区，其中的金制面具、器皿和装饰品最为著名。中路的两侧为雕塑陈列区，有各种战具。再往北就是青铜器陈列区。战后新建的双层建筑后厅为陶器和陶瓶陈列区，陶器的造型和瓶上的图案显示出希腊艺术优美精细的特点。

展厅展示

博物馆分为两层展示馆，共有 50 多间展示室，里面摆满了来自各个时期的文物，通常要花半天的时间才能看完。如果时间不够，建议可挑重点文物欣赏。

入口后，首先看到的是迈锡尼展示室，里面收藏着“阿伽门农黄金面具”，是专家在迈锡尼国王阿伽门农死后，依其面貌所制成的黄金面罩，是强盛一时的迈锡尼文明的最好明证；此外还有迈锡尼青铜时期的珍宝及陶器，以及从伯罗奔尼撒半岛出土的史前文物。

第 15 室的海神波赛顿铜像，第 21 室的少年和马，都是不可错过的收藏。

博物馆还有从圣托里尼南部的 Akrotiri 出土的壁画。壁画上描绘了希腊日常生活的情形，如打拳少年、航海图等。这些壁画在公元前 1500 年时因火山爆发被埋没于地下，现在在岛上的都是复制的壁画。其他的展示室陈列了古希腊人在日常生活中用的红色及黑色的瓶和瓮，上面画着几何图案。

镇馆之宝

阿伽门农黄金面具

根据荷马史诗《伊利亚特》记载，公元前 12 世纪初的迈锡尼国王阿伽门农，作为希腊各国的统帅，率领联军去攻打特洛

◀ 雅典国立考古博物馆是希腊最大的古文物博物馆。图为博物馆内保存的古代器皿。

伊。10年的战争虽然使希腊军队取得了最后的胜利，但迈锡尼国力也受到了大大削弱。战后阿伽门农从特洛伊返国途中，被其妻子的情夫艾奎斯托斯杀害。而据说，阿伽门农所积累的财富和他一起埋葬在迈锡尼城附近，在荷马史诗中，它被描述成是一座“黄金遍地、建筑巍峨”的都城。

专家们对荷马史诗描述的真伪持不同意见，曾有不少人认为这是神话传说。然而，亨利·施里曼（1822—1890）这位曾发现过特洛伊城的德国考古学家，却坚信荷马史诗中的每一个字都是真实的，并于19世纪70年代，动身到希腊南部一座陡峭的小山上去寻找阿伽门农国王的都城。

1876年7月，施里曼在迈锡尼著名的“狮子门”城墙内发现了几个竖穴墓，他判断这就是阿伽门农的墓穴。掘开之后，墓中出现了壮观的场面，随葬品有大批的金银和青铜器物以及珠宝、饰物和武器。施里曼在最后一个坟墓中，发现了一个戴着金色面具的干尸。他兴奋地宣布，那就是阿伽门农的金面具。这消息曾轰动一时，但后来专家研究表明，这个竖穴墓的存在年代是公元前16世纪，金色面具也是在公元前1580年左右制成的，它们比阿伽门农的年代更早。

奥地利美泉宫美术馆
——奥地利

可能奥地利在世界音乐中占有的分量过重，因此世人都忽视了它在现代美术史上的重要地位。坐落在维也纳城内山坡上的奥地利美泉宫美术馆藏着数量众多的令奥地利人引以为豪的美术家的作品，而美泉宫本身也是维也纳最著名的巴洛克宫殿之一。

博物馆概况

人们都知道奥地利的维也纳是音乐之都，因为莫扎特、舒伯特、贝多芬、施特劳斯等音乐大师的成长和成功都与维也纳有关，可是很少有人知道维也纳在现代美术世上也占有一席之地。坐落在维也纳城内山坡上的奥地利美泉宫美术馆藏着数量众多的令奥地利人引以为豪的美术家的作品，尤其是“维也纳分离派”的作品。

▼ 美泉宫是维也纳著名的巴洛克宫殿建筑，它本身就是一件出色的艺术品，而其内珍藏的美术作品更是让奥地利人引以为傲。

美泉宫又根据其音译被翻译成百乐宫。“Belvedere”这个拉丁文名字原意为美丽景色的意思。美泉宫是维也纳最著名的巴洛克宫殿之一。与霍夫堡及美泉宫不同的是，兴建这所宫殿的主人并不是皇帝，而是一名军事元帅。他就是萨福伊的欧根亲王。

欧根亲王在奥地利历史上是一位举足轻重的人物。他原籍法国，因为个子矮小，被法国军队拒绝入伍。1683 年，欧根亲王加入哈布斯堡王朝的军队，做一名往返于前线和皇宫之间的通信兵。这一年，奥斯曼帝国的土耳其士兵卷土重来，又一次把维也纳市包围得水泄不通。年仅 20 岁的欧根亲王参加了解放维也纳的决一死战，并且表现出惊人的果敢和聪慧。10 年之后，欧根亲王被封为元帅，1697 年，欧根亲王在和土耳其人的较量中，奠定了自己在军中的统帅地位。之后，欧根亲王无论是在西班牙皇位继承战中还是在和法国路易十四的谈判中，都为哈布斯堡王朝立下了汗马功劳。在 1714—1718 年的土耳其战争中，老练的元帅一直把土耳其人打到巴尔干的贝尔格莱德。欧根亲王曾经服务于哈布斯堡的三朝皇帝，为哈布斯堡王朝建立日不落帝国立下了不可磨灭的功勋。

1700 年，欧根亲王在皇帝赐给他的土地上，责成鲁卡斯・冯・希尔德布兰特以凡尔赛宫为蓝图，为他建造夏宫。由宫廷建筑师路卡斯・冯・希尔德布莱特亲自设计，出生于法国的欧根亲王依据自己的设想，仿照法国的凡尔赛宫，建造了至今仍被称许为巴洛克建筑的宫殿。宫殿按地势分上宫和下宫，欧根亲王去世后，宫殿由与他血缘最近的侄子继承。

18 世纪中叶，查理六世的孙女玛利亚・特丽莎女皇在位期间，为了收藏数量庞大的皇室绘画藏品而买下了这座宫殿。从此这里成为皇家美术馆。1781 年，美术馆对公众开放，被称为美泉宫绘画馆。1891 年，绘画作品被迁到维也纳的艺术博物馆。

1918 年，奥地利共和国成立，以皇室美术藏品为中心在美泉宫建立了奥地利美泉宫美术馆。

展厅展示

欧根亲王不仅是一位政治家和军事家，同时对科学和艺术总是持宽容和扶持的态度。这座美泉宫的建造历时十数年。根据自下而上的地势，希尔德布兰特共设计了两座宫殿，其中下美泉宫是供欧根亲王自己起居用的，竣工于 1716 年。上美泉宫的落成典礼在 1724 年，是欧根亲王迎宾设宴的场所。就在建造夏宫时，欧根亲王仍然念念不忘他是一个军事首领。美泉宫的地址本身就在1683年土耳其人进军维也纳的军事要地上。在上美泉宫的设计中，欧根亲王又把自己的司令部、兵营和哨所等象征性地设计到宫殿的屋顶上去。连接上下两个美泉宫的，是一座华丽的花园。对称设计的梯阶和轴向设置的喷泉水池被草地和树木所环绕。喷泉中的海神塑像和巴洛克的斯芬克斯雕像把游客带进一个奇幻的世界。站在上美泉宫远眺内城，维也纳市内建筑和维也纳森林交相辉映，构成一片独一无二的美丽景色。宫殿竣工时，正是欧根亲王红透半边天之时，其建筑之壮丽、艺术收藏之丰富艳惊维也纳。据说，欧根亲王其貌不扬，为了弥补丑陋长相的自卑心理，他要求工匠把太阳神阿波罗的形象加诸在他的画像里。

上宫的收藏品鲜活重现了19世纪末维也纳奢华的情景，奥地利青年派艺术大师克林姆特的作品齐聚一堂，闪动着华丽的光影。馆内主要作品有席勒的《死神与少女》、《拥抱》和他的老师克林姆特描绘慵懒女性的《水蛇》、《朱棣斯》以及其最为著名的《吻》。

如今，下美泉宫是中世纪艺术和巴洛克美术馆。收藏有毛尔贝迟、梅瑟施密特和多纳等人的作品，还珍藏着新市场上多瑙喷泉的原始塑像。很多罗曼风格和哥特风格的圣坛木雕也都收藏在此。

镇馆之宝

克林姆特《吻》

《吻》是克林姆特表现爱情主题的油画，也是克林姆特的成名作。这幅画在风格上带有浓郁的伤感情调，也带有浓郁的东方装饰风味，使用了日本浮世绘式的重彩与线描。可说是克里姆特画风的最典型的作品。

《吻》画面中的男女主角，在瘦骨嶙峋的躯壳外，包裹着仿若珠宝镶嵌的璀璨长袍，享受片刻的欢愉激情，但画面中却未有甜蜜温馨的恋人情愫，反倒是隐隐地呈现出危机与诡谲的紧张气氛。克林姆特利用情欲的主题来诉说当时人们的疏离与价值观，并反对当时保守右派的权威，将人真实的“情欲”表露无遗，对“情色”加以歌颂，成为对当时的反动与挑战。这位如今被誉为画坛性感大师的克林姆特，在19世纪末却不容于当时的社会、舆论，甚至被许多学院派画家，将他的作品指控为“色情画”，而最知名的《吻》就是其中一例。

▲ 在火柴生产的手工年代，需要有专人糊制火柴盒。随着火柴制作工艺的成熟，火柴盒也成了展示国家文化的物品。图为印有我国脸谱形象的火柴盒。

瑞典火柴博物馆
——瑞典

正如钟表是瑞士的骄傲一样，火柴亦是瑞典人的骄傲。希腊神话中的普罗米修斯曾盗火种到人间，造福人类。而火柴发明者则让人们安全自由地掌握火种。瑞典火柴博物馆详尽地记录了火柴诞生的历史，讲述了小小火柴头上所凝聚的匠人的智慧。

博物馆概况

在瑞典第二大湖威恩湖的南岸，有一座美丽的小城——延彻平。这里湖水碧波荡漾，风景如画，令每一个踏上延彻平的人都感到心醉神迷。威恩湖畔的一座小楼——瑞典火柴博物馆详尽地记录了火柴诞生的历史。

早在 1845 年，仑氏兄弟在延彻平镇租借一间狭小的作坊，开始生产磷药火柴。

两年后，他们在今日博物馆坐落的地方，建立起全国第一家火柴厂。开始，生产程序多为手工操作，比如，工人用手将火柴棒伸入药槽蘸取火药，至于火柴盒，则全部手工制成。如今，举家围桌糊纸盒的场面早已经进入妙趣横生的风俗画中了。1864年，年仅28岁的机械师亚历山大·拉格曼发明了第一台自动火柴机，将火柴生产进料到成品包装等多道工序一次性完成。占据半个大厅的这个庞然大物在今天看来着实蠢笨，但它一经开动，数万根火柴几分钟内便告制成，从而结束了火柴生产一直为手工操作的时代。此后，以延彻平为中心，瑞典的火柴行销全欧洲乃至世界各地。1903年，瑞典境内的6家火柴厂组建为联合公司，总部便设在延彻平。1913年，以伊瓦·克鲁格为首的8家新兴火柴厂另立公司，意欲与延彻平火柴联合公司分庭抗礼，然而时隔不久，终因财寡势单，于1917年与其合并。从而瑞典火柴公司宣告成立，一统全国，称雄欧洲。

展厅展示

踏进博物馆，迎面可以看到中央墙壁上悬挂着两幅巨大的画像，这就是瑞典火柴之父，也是世界上第一盒安全火柴的发明者——约翰·仑兹特耶姆和卡尔·仑兹特耶姆两兄弟。1884年，约翰·仑兹特耶姆兄弟在延彻平镇租了一间狭小的作坊，开始生产赤磷火柴。经过辛勤的劳动，积攒了一笔资金的仑氏兄弟建起了全国第一家火柴厂。开始生产时，程序多为手工操作，火柴杆用刀小心翼翼地劈成，然后工人拿着火柴杆伸到药槽里蘸取火药，还有一些人专门糊制火柴盒。

在博物馆的大厅里，有一台又蠢又笨的机器，体积庞大外表黑乎乎的，但是别小看这台傻大憨的家伙，它标志着火柴制造业的革命。这台机器诞生于1864年，是青年的机械师亚历山大·拉格曼发明的第一台自动火柴机，使火柴生产从进料到成品包装等多道工序一次性完成，它可以在几分钟内完成一个工人手工操作好几天的工作量，从而结束了火柴生产手工操作的时代。产品的大批量增加使厂家有条件打开通往全欧洲乃至全世界各地的销路。于是，延彻平的“火花”开遍了世界各地。

然而在安全火柴问世之前，人们曾经走过了一条艰难困苦甚至是流血的道路，在博物馆内的左侧大厅里，专门放映的电影向观众介绍了人类自钻木取火以来为制造火源所经过的漫长历史。火柴刚问世时，尽管给人们带来了方便，但也带来了痛苦。初问世时的火柴，并不是今天在火柴盒的一侧药纸上才可擦燃的安全火柴，而是在任何地方都可以擦燃：在衣服上、墙壁上、桌子上，只要一经摩擦，火柴就会燃烧起来。这看起来似乎很方便，但危险也随时存在，而且火柴头上是一种有毒的黄磷，对人体有害。为了改进火源，制造出理想的安全火柴，几代人做出了艰辛的努力。当参观者看完这20分钟电影之后，都会对人类的智慧和勇敢的探索精神发出由衷的赞叹。

博物馆的二楼完全是“火花”的世界，这里有不同年代，不同国家的火柴商标在陈列柜里争奇斗艳，各领风骚。每枚小小的火花都凝聚着匠人的智慧，都以不同的色彩默默地向观众展示着它们的历史，甚至它们本身已成为不可多得的历史文物了。其中一枚“火花”价值3000瑞典克朗，它是延彻平最早生产的火柴的商标之一，上边写着“无硫室内火柴”的字样。这枚“火花”是前瑞典国王法鲁克乘专机从丹麦首都哥本哈根以3000瑞典克朗买回来的，如今它平躺在延彻平火柴博物馆的陈列柜里，使每个参观者都能欣赏到这枚珍贵的火柴商标。

山清水秀的延彻平不仅是火柴的故乡，它还是整个瑞典火柴制造业的领导中心。1917年，瑞典火柴公司在延彻平成立，迄今为止，它仍然是瑞典火柴公司国际活动的中枢。从延彻平的建筑设施装潢上，处处可以看到延彻平的历史特色，甚至连城中游泳池的跳台都是一个三星火柴的图案。正如钟表是瑞士的骄傲一样，火柴亦是瑞典人的骄傲。

▼火柴是瑞典人的骄傲，火柴发明者为人类作出了巨大贡献。

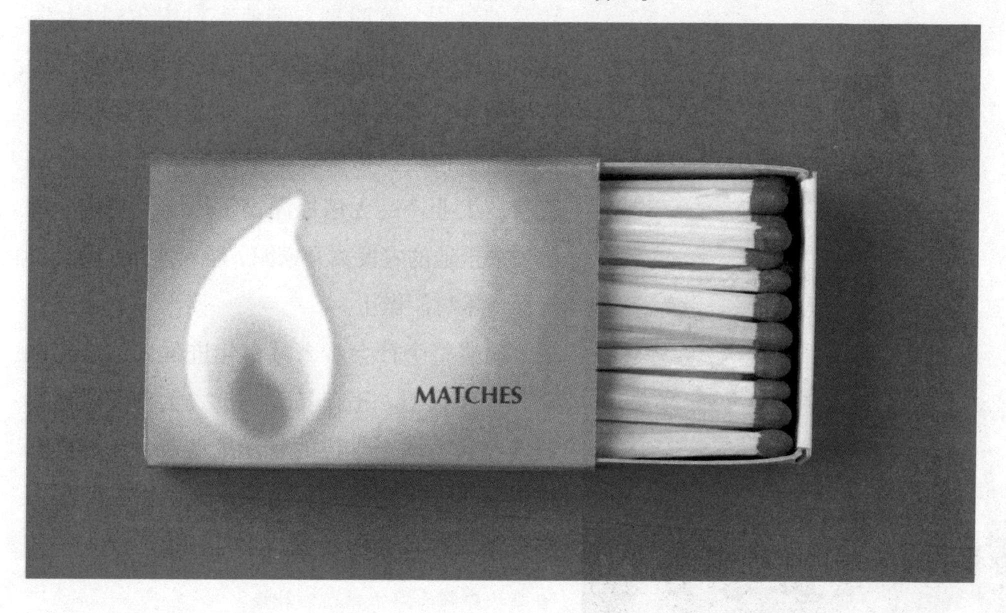

瑞典斯坎森露天博物馆
——瑞典

瑞典斯坎森露天博物馆，是世界上第一家露天博物馆，它以一种“活态”的展示方式改变了传统博物馆的概念。它不仅是瑞典，而且是世界文化遗产保护工作的一个卓有成效的范例。

博物馆概况

瑞典斯坎森露天博物馆，在世界博物馆史上享有盛名。它是世界上第一家露天博物馆，并以一种“活态”的展示方式改变了传统博物馆的概念。这座博物馆不是依附一幢建筑并在其内部进行收藏展示，而是以多种传统建筑、街区、历史实物以及特定自然环境共同营造的具有百年历史的露天博物馆。

博物馆是1891年瑞典人赫泽里乌斯创建的。19世纪中叶，随着欧洲工业革命的发展，瑞典正经历着一个由农业社会向工业社会急速转变的过程。这时期，瑞典人口中2/3以上生活在农村，在工业革命浪潮下，城市在迅速扩张，传统的乡村居所和田野风光被城市郊区和高大建筑群所摧毁；传统农业耕作方式被机械化所代替；工业产品无情地湮没了传统手工艺。大量失去土地的农民离开家园，涌入铁路、码头、工厂、木材厂做工。

瑞典整个社会步入城市化进程。正是在这样一个背景下，正在乌普萨拉大学攻读斯堪的纳维亚语言博士学位的赫泽里乌斯，在瑞典农村进行了一次远程步行考察，亲眼看见并深切感受到这种社会的巨变。于是，他产生了一种

◀ 斯坎森露天博物馆内的钟楼。

强烈的意愿和责任感，开始收集那些正在迅速消失的反映农业文化的民间民俗代表物品：建筑、服装、家具、器皿、工具等，将它们保护下来以备展示给子孙后代。但是，在他看来，传统博物馆的展示方式并不能充分实现他的理念和教育目的。他所构想和强调的是通过某种完整场景的展示而表达出的真实历史感，即在一个自然景区中，有着各式古旧房屋，房中摆设原来的家具，身着民族服装的人们生活着，家禽在四周漫游。为此，他创造了“露天博物馆”的理念，并在斯坎森买下了第一块地皮。用他自己的话说：“要建一个完全不同于任何现存形式的博物馆。”1891 年 10 月 11 日，斯坎森博物馆正式向公众开放，最初只有几英亩大小，第一幢建筑是他几年前在达拉纳西北部地区收集到并搬迁来的当地农舍，其后博物馆面积扩大到 30 多公顷，展出内容不断充实，逐步形成了今天的规模。

展厅展示

这座驰名世界绿意盎然的自然博物馆，共有 150 幢从瑞典全国各地迁来的不同时期、具有文化和历史特色的建筑物，包括农舍 83 幢，有从斯德哥尔摩旧城区迁来的店铺和手工业作坊 15 幢，还有钟楼、风车、教堂等其他建筑 30 多幢。简陋的木制农舍内陈放着当时的家具、炉灶、农具、生活用品和纺车等。

走进大门，你会发现与其说是一个博物馆，倒不如说是一个大公园。整个博物馆规划有序。150 多幢瑞典各地的古旧建筑，按照一定区域划分组合，展现出各自独特的居住环境和建筑风格。例如，北区是代表瑞典北部山区的建筑和农庄，有护林员用的小木屋、制麻作坊，甚至圈养着几头驯鹿；东区，是来自韦姆兰、西曼兰等地的建筑，有农家房舍、铁匠屋、两层楼的禁酒会堂等；南区是瑞典南部地区的代表建筑，一种四周由数幢房子围合而成的农家庭院，其风格有点类似于中国的四合院；中区，有来自西约特兰地区的农舍、风车、作坊和教堂。教堂前面是一条 18 世纪中叶莫兰地区典型的市场街，摆着许多小摊位；还有一幢当年瑞典中部地区贵族的典型住宅，高大气派，旁边还有厢房和亭子，宽阔的院子四周围着栅栏。令人印象深刻的是，这些各式建筑内既有当年的家具、生活用品的陈列，也有劳动工具、手工艺品的展示，与周边所营造出来的农村自然生活环境浑然一体，水塘、家禽、牛栏、牧场……工作人员身穿传统服装，或织着毛衣，或喂养奶牛，或浇花剪枝，或拉琴跳舞，好一派和谐、恬静的田园风光。

▲ 斯坎森露天博物馆重在向人们展示传统农业、建筑、服装等人类过去的生活。

为真实地再现瑞典城市街区的历史风貌，博物馆内还建有一个完整的街区。20世纪初，斯德哥尔摩城市发展很快，一些古老建筑被拆除。博物馆在市镇当局的支持下，将其中一些建筑搬迁到此，现已有20多座建筑。街区建在一个小山丘上，一条鹅卵石铺就的街道蜿蜒穿过。这些建筑除了当年斯德哥尔摩城古老的邮局、银行、商铺和餐馆外，还特别集中了瑞典各地的一批代表性的手工作坊，如家具厂、制陶屋、制鞋屋、制梳屋、金匠屋、面包房、印刷厂、订书间、雕版间等。一些手艺人身着传统服装，聚精会神地在作坊里表演制作。一家玻璃制品作坊，两个工人正在用一根细长的管子吹制玻璃。这种吹制方法已有2000年历史了。作坊里的陈设古朴简单：火炉、工具台、吹管、各式剪刀、模具等，橱柜上还展示着许多玻璃原料。参观者置身其中，既可以感受到鲜活生动的历史场景，又了解了玻璃制作的知识；出得门来，还可以在旁边的小店买上一件中意的玻璃工艺品留作纪念。

斯坎森露天博物馆不仅是瑞典，而且是世界文化遗产保护工作的一个卓有成效的范例。它给人们以深刻的启示：对一个国家或民族而言，当社会面临急剧发展变化时，抢救保护特定时期的重要建筑、传统工艺、民间艺术等是何等重要。正是通过对历史遗存的精心维护和生动展示，人们才有机会去真切触摸先辈的灵感和历史的脉搏，真切感知民族民间文化的绚丽多彩，从而浇灌培育自己心田中的爱国之花。

柏林世界民族博物馆
——德国

柏林世界民族博物馆所收藏展品来自非洲、大洋洲、美洲、南亚、东亚、西亚、欧洲等世界诸多地域，可以说是名副其实的世界级博物馆。

博物馆概况

柏林世界民族博物馆以其历史悠久、专业性强、藏品所涉地域广而著称。1873年柏林世界民族博物馆建立，至今它已拥有非洲、大洋洲、美洲考古学、美洲土著、南亚、东亚、西亚、欧洲及民族音乐九大部门，藏品甚丰。其前身是王侯贵族的藏宝之所，到腓特烈二世时，藏品不断丰富，于是设馆储藏并展示。第二次世界大战期间，遭到了极大的破坏。1966—1970年新建了广达1万平方米的新馆。新馆位于风景如画的柏林郊区达雷姆林，它吸引着诸多游客和学者。

展厅展示

第一展室主要介绍大洋洲诸岛屿的风俗与历史。大洋洲主要由澳洲及美拉尼西亚、密克罗尼西亚和波利尼西亚三大群岛组成，位于太平洋之中。这些太平洋的土

▼图为柏林城市风光。

著居民是大海的主人，是个善于航海的民族，这从柏林世界民族博物馆中搜集的大量的独特的独木舟中便可以看出。独木舟是这些土著居民的主要交通工具，有各种各样的独木舟，大的可以乘坐 50 人，小的只能容纳一个人划船。这些独木舟不但有实用价值，而且是一件件艺术品，独木舟的船头雕刻以及各种精细的制作技巧都令人叹为观止。更能代表他们智慧的是，他们在长期的航海过程中，积累了丰富的经验，用椰子的叶梗组合，再附以贝壳，创造了独特的“编枝航海图”。

第二室主要展示南亚的传统技艺，这里讲的南亚包括现在概念上的南亚印度及东南亚。直到如今，仍盛行于爪哇的皮影戏代表了这一特色，它讲述的故事大多取自印度的两大史诗《摩诃婆罗多》和《罗摩衍那》。当你置身于博物馆中形形色色的“傀儡”展示窗前，你会被那神奇的色彩和动人的故事所深深吸引。

第三展室主要展示美洲土著文化及部分欧洲土著文化。自从哥伦布发现新大陆以来，美洲的文明逐渐被世人所知，它的文明的悠久与灿烂吸引着众多的人去研究它、发掘它。柏林世界民族博物馆展示了许多美洲土著的文明遗物，它以有第一流的物品而骄傲。

在博物馆中，陈列着大量美洲的造型艺术，有石雕、陶器造型、黄金造型、编织造型等，反映了美洲印第安人丰富多彩的生活。其中最珍贵的要数陈列于中美洲室的“科兹马尔瓦巴的石碑”，它代表了一种中美洲文化“科兹马尔瓦巴文化”。从石碑雕刻上，我们可以了解当时重大的社会习俗和宗教仪式，以及这种文化的前因后果。此外，本室中还陈列有一些欧洲土著的精致物品，有造型别致的陶器，有形式多样的装饰品以及部分捷克礼服。

第四室主要介绍非洲大陆黑人的文化源流及珍贵遗物。非洲是一个神奇而又充满魅力的大陆，作为一个古老的大陆文明在世界

◀美洲土著中的绝大多数为印第安人。在柏林民族博物馆中，陈列着大量反映美洲印第安人丰富多彩生活的文物。图为现代人装扮成美洲印第安人部落首领的样子。

文明史上占有重要地位。许多人认为，非洲是人类文明的发源地之一，因为，在这里发现了最古老的人类化石和遗物。

一般认为，西非附近的诺克文化是非洲最古老的文化，诺克文化以小型赤土陶器为主。诺克文化的发现在 20 世纪中叶，1931 年，人们为挖掘乔斯附近的锡矿，在小村诺克发现了两个赤土陶偶头部，以后又在附近地区发掘了不少类似的陶器，这些陶器制作精巧，抽象技术极为高超。诺克文化大致繁荣于公元前 900 年至公元 200 年左右。以后出现的贝南文化和伊飞文化都与诺克文化有相似之处，但这两个文化不再以陶器为主，而是以青铜制雕像为其特征，其中主要以国王、王后头像为主。这些青铜雕像并不是写实地表现人体，而是进行高度抽象，表现一种独特的造型，以适应他们的风俗习惯和宗教心理。这一点在博物馆中陈列的头像中可以很清楚地看出。

另外，非洲人凳子造型的花样众多，装饰之繁复令人惊讶，这是其他任何民族所少见的，有的表现为两个人双手高抚凳面，有的表现为人站立凳面之侧以充当靠背之用，有的表现为动物形状等，形成一件件造型与实用性结合的艺术品。这一方面表现了当时社会的阶级状况，另一方面，凳子造型装饰的发展也反映了黑人文化发展的过程。

▲酷刑是所有集中营的共同“主题”，达豪集中营更是一座人间地狱。

达豪集中营博物馆
——德国

达豪集中营是二战时期，由希特勒主张建造的、专门用来关押政治犯、犹太人、宗教界人士和所谓“政府不喜欢的人”的人间地狱。一提起达豪，就会引发人们对血腥和恐怖的联想。

博物馆概况

在德国南方距慕尼黑市 20 千米的地方，有一个美丽的小城镇——达豪。这里有一座文艺复兴时期的宫殿，每年到这里参观的人有几十万，但是大多是来去匆匆，很少有人在此地久留，因为，达豪在世人心目中引起的是血腥的回忆和令人恐怖的联想。

1933 年，战争狂人希特勒握住了德国的权杖，从他上台时起，他就在这里建立了集中营，用来关押政治犯、犹太人、宗教界人士和所谓“政府不喜欢的人”。使这里成了一座人间地狱。

达豪集中营最初设计容纳 5000 人，关押对象是“人民祸害”，包括：共产党人、社会民主党人等反对党人，被确定有罪的各类犯人。但这份单子不断扩张：城市游民、同性恋、犹太教徒、吉普赛人、政治犯、国家敌人、犹太人、战俘……

从 1933—1945 年间，共登记在押 206206 名囚犯，死亡人数永远不会为世人所知，数以千计的苏军战俘经常被就地处死，或被送去用于 SS 的 Sonderbehandlung（特别医疗，也就是被处死的 SS 委婉说法）成为牺牲者。在被转移过程中死去的人更是无可计数，这些都是不在记录中的。此外，还有数不清的人死于“达豪学校”的一项创新上——活人实验。这些活人医学实验包括：将犯人在冻僵的情况下放入热水中，记录复苏的时间；将犯人关入高压舱，持续加压，记录致死的气压……有记录的死亡统计数字是 31591。由于达豪集中营的主要目的不是处置犹太人，所以在 1933—1945 年间在这里被屠杀的犹太人并不多，据估计在 5000 人左右。被解放时，32000 名幸存的囚犯中，也只有 2500 名犹太人。

展示展厅

现在的达豪集中营故址，仍然保持着当年的原貌。集中营为长方形，方圆有上百公顷土地，四周有通电的铁丝网和壕沟环绕，每隔十几米就有一座高高的炮楼，上面装有探照灯和机关枪，日夜监视着全营每个角落。集中营分为三部分，中间是关押犯人的简易棚式营房，一端是管理处，管理处与营房之间是操场，这是每日点名和集体处罚犯人的地方，另一端是行刑焚尸院。

犯人居住的棚式营房，是一种用厚木板钉成的方框，床铺分为三层，第三层几乎接近牢房顶的顶柱，空间十分狭小，只能爬着上床，床与床之间的距离仅可下脚，看上去就像一口口棺材搁在那里。

从现已辟为陈列馆的管理处中，可以看到反映囚徒生活的一些照片、实物和少量文字图表。当年达豪集中营被押的囚犯不仅待遇十分恶劣，而且还要承担繁重的劳动。从早 4 点钟起床，一直到晚 8 点半才能回营。从一些照片上可以看出，那些犯人都被折磨得皮包骨头，疲惫不堪。

陈列馆还介绍了惨无人道的法西斯匪徒使用这些囚徒的身体作各种试验的情况。为了进行细菌战争，他们在犯人身上培植疟疾病菌，还进行其他使人体受到致命伤残的生物化学实验。为了战争的需要，他们还用犯人作“超低压、超低温”试验。甚至破开犯人的脑壳，作活体解剖。

达豪集中营的犯人，强壮的或者做苦工，或者被用来做试验，至于那些老弱病残与妇女儿童的下场则更为凄惨。等待他们的是集中营的毒气室和焚尸炉。毒气室外表看起来像个浴室，里面装着莲蓬头，然而那里流出的不是生命之源的水，而是窒息生命的毒气。刽子手们用洗澡的谎言把囚犯们骗入“浴室”后，管理人员立即封闭毒气室，然后将毒气放入，几分钟后，犯人就已全部死亡。毒气室紧挨的是焚尸炉，尸体马上被扔到焚尸炉里焚烧。陈列馆有一张照片，上面是一个青年妇女，搀着三个天真的孩子，怀里还抱着一个婴儿，在默默地、无可奈何地走向毒气室。在毒气室和焚尸炉旁让人触目惊心的是那些堆积如山的各式各样的大大小小的靴子、鞋子，这是那些成千上万的被害者被迫走向毒气室前脱下的。

达豪集中营还有一个专门的“射击场”。1941 年德国法西斯入侵苏联后，大批的苏联人被押运到达豪，结果仅几天，6000 名苏联人全部被枪杀。达豪解放前夕，还发现约有 7500 具尸体未来得及焚烧，战争结束后才移入达豪公墓。

在欧洲，歧视与迫害犹太人是一个长期的历史问题。希特勒利用了这个问题，先是煽动反犹情绪，继而大批灭绝犹太人。他的种族理论宣称，人类种族有天生优劣之分，雅利安人是各种族的出类拔萃者，上天赋予他们“主宰之权”，凡不属优良之列的种族都是糟粕，其中“首恶者”就是犹太人，必须灭绝一切犹太人及来源于犹太人的各种制度和政见。基于这种理论，纳粹对犹太人进行了惨绝人寰的迫害和屠杀。整个大战期间，纳粹分子杀害的犹太人至少有 600 万人。

达豪博物馆内仅有黑白两种色调，除展品外无任何装饰。一座简朴的纪念碑旁摆满了各国观众敬献的鲜花，碑文上写着：“悼念死者，警戒后世。”当参观者从那令人窒息、充满血腥与残暴的黑黝黝的集中营里出来，呼吸着清新的空气时，每个人的心中都回响着一个声音：绝不能让法西斯战争和残暴的种族主义重演！

自然科学与技术成就博物馆
——德国

自然科学与技术成就博物馆是德国乃至世界最壮观的巨型科技博物馆，这里不仅是中小学生的巨大的校外课堂和实验室，还是大学生、研究生、学者进行学术报告、课题研讨、查找资料的重要场所。

博物馆概况

在德国南部阿尔卑斯山麓最大城市慕尼黑，多瑙河的支流伊萨河从它中间穿过，在河中的一个小岛上，坐落着每年吸引150万观众的世界最壮观的巨型科技博物馆，这就是德意志自然科学与技术成就博物馆。

这个博物馆创建于1903年，是巴伐利亚电气工程师奥斯卡·冯·米勒创意建立的。后因第一次世界大战计划被搁置，直到1925年，在米勒过70岁生日那天，博物馆正式落成开幕了。它是一座6层大楼，建筑面积4万多平方米，共有28个分馆及露天展览场，展品共1.5万多种，它几乎荟萃了所有科学技术领域的展品，主要参观路线总长达16千米。

博物馆收藏

凡是参观过这个博物馆的，都交口称赞它具有许多令人难忘的特点：一是展品门类繁多，几乎涉及所有科学技术领域。如工业，包括机械、动力、化工、矿产、

▶自然科学与技术成就博物馆是欧洲现有科技博物馆中规模最大的，也是世界最早的科技博物馆之一。

印染、纺织、煤炭、冶炼、酿造、陶瓷、造纸、印刷等；交通，包括航空、航海、铁路、桥梁以及各种车辆。还有计时器、度量衡器、乐器、光学仪器、天文、医学，一直到原子能、火箭、地球物理、宇航技术等，洋洋大观，应有尽有。

二是几乎每一门类的展品，都既有最古老、最原始的制品，也有最现代的科学技术结晶，使观众清楚地了解到人类社会科学技术发展的历史。如汽车，从1886年奔驰汽车厂生产的第一辆三轮汽车开始，到近代新型赛车，共陈列了88辆；动力展品，从古代用狗、牛牵动轮轴取得动力（模型），一直到风车、水车，各个时期的火力、水力发电，原子能、太阳能的利用；船舶陈列，从古代独木船开始，到1881年的一条巨型帆船，直到现代客轮、军舰、潜艇；计时器的陈列，从古老的日晷、滴漏、沙漏，直至各式齿轮钟到新型钟表；机床陈列，最古老的是一台1776年的车床模型，一直到现代构造的精密机床和由几十台机器组成的自动线。

三是陈列的复制品和模型，大多能启动运转。如机械、动力模型，都可开动；工业生产流程，都可表演；音乐厅里许多古老乐器都可以演奏；天文馆里显示了南

▼自然科学与技术成就博物馆全景图。

北半球可以看到的星座、银河和星云；船舶模型可以航行；建于1906年的法国海军第一艘潜艇，可以从它的剖面观看内部结构。

四是观众可以自由按按钮，启动和操弄展品。如航空部有一个示范表演，能让参观者坐在飞行员的座位上模拟驾驶飞机；机床展品中有许多自动机床，能让观众按动启动开关后自动走刀，在响声隆隆、火光闪闪、机器轰鸣、火花四溅中加深观众对科技成果的体验。这里可供观众自由摆弄的展品和模型共有4000多件。并有一批技术专家随时检修损坏了的展品。

慕尼黑的这座博物馆的特色，使它成为一个富有生命力的博物馆。中小学生把它作为一个巨大的校外课堂和实验室；不论是物理学中的力学、光学、声学、电学，还是化学中的有机、无机，或是其他各类学科的定理、原理、命题，在课堂上花几小时、几十小时才能弄清楚的，到这里，既可观察，又可动手操作，一下子就明白了；大学生、研究生和学者，还可以在这里听学术报告，进行研究、讨论，并利用这个博物馆的53万册科技藏书和全世界2300种科技杂志，解决他们研究课题所需要的资料、信息。它不仅吸引大量一般观众，也吸引大批学者专家，就因为它是一个活的、不受传统约束的生机勃勃的大博物馆。

艾尔米塔什博物馆
——俄罗斯

艾尔米塔什博物馆是世界四大博物馆之一，与巴黎的卢浮宫、伦敦的大英博物馆、纽约的大都会艺术博物馆齐名，它是俄罗斯著名的美术历史文化综合性大型博物馆。

博物馆概况

艾尔米塔什博物馆，位于俄罗斯圣彼得堡宫殿广场上，是美术历史文化综合性大型博物馆，规模宏大，藏品丰富，是世界上最大的博物馆之一，它的藏品与规模，

▼艾尔米塔什博物馆是俄罗斯著名的美术历史文化综合性博物馆。

可与世界上任何一座大型的博物馆相媲美。它占地 9 万平方米，全部建筑包括冬宫、小艾尔米塔什、旧艾尔米塔什、新艾尔米塔什以及可容纳 500 名观众的艾尔米塔什剧院，布局协调，气势雄伟，是圣彼得堡的主要名胜之一。

1764 年，俄国女皇叶卡捷琳娜二世购进了伦勃朗等名家的 250 幅绘画，存放到了冬宫里的“艾尔米塔什”，创立了“奇珍楼”。1852 年，这个楼向上层社会开放。十月革命后，苏维埃政府把整个冬宫拨交给艾尔米塔什，1922 年正式设立国家艾尔米塔什博物馆，向公众开放。苏联卫国战争初期，为了使博物馆的藏品不落入法西斯之手，曾一度将其中 100 多万件馆藏品运往后方斯维尔德洛夫城保存，其余 100 多万件严密封存于地下室内，直到第二次世界大战结束。

展厅展示

艾尔米塔什博物馆共有各类藏品 270 万件，据说如果把每件藏品拿起来看一下，需要 27 年的时间。全部陈列共分 8 个部分：原始文化部，古希腊、罗马世界部，东方民族文化部，俄罗斯文化史部，古钱志部，西欧艺术部，科学教育部和修复部。其中主要是绘画、雕塑、版画、素描、出土文物、实用艺术品、钱币和奖牌。这个馆的欧洲绘画珍藏闻名于世，从拜占庭最古的宗教画，直到现代马蒂斯、毕加索的绘画作品及其他印象派、后期印象派画作应有尽有，共有 15800 余幅。其中意大利文艺复兴时期达·芬奇的两幅《圣母像》、拉斐尔的《圣母圣子图》和《圣家族》，伦勃朗的《浪子回头》等名画尤为珍贵。还收藏了包括提香、鲁本斯、委拉斯凯兹、雷诺阿和戈根等名人的名作。实用艺术品收藏达 26 万件，其中有 15 世纪西班牙银器、16 世纪法国和意大利等国的陶器等，均属上乘藏品。

该馆展厅共有 353 个。其陈列有多种形式：一种是宫廷原状陈列，包括沙皇时代的卧室、餐室、休息室、会客室等，均保持原物原状；一种是专题陈列，如金银器皿、服装、武器、绘画、工艺品等，一种是既为原状又有所改变，除原物外，还增加许多展品。东方文物展厅中，主要是中国的文物，有青铜器、陶瓷、纺织品、古代和现代绘画。彼得大帝陈列室是最引人注目的一个展室，陈列有彼得大帝生前的服装、勋章、武器、书桌及他本人和官僚的画像，彼得大帝生前喜欢制造机器和航海用具，展品中许多是他自己制造的。展室中还有一尊彼得大帝坐像，陈列在一具大玻璃柜中，其面部和手脚都是用蜜蜡制成，头发是彼得大帝本人的真发，坐像旁立一木杆，上端两米处有一道深痕，以示彼得大帝是超过 2 米身长的人。

博物馆所藏的有关俄国早期文化的物品，以妇人雕像及一些金银制品为主，其中妇人雕像充满活力和神秘气息，令人回味无穷。博物馆中陈列的一尊公元前 3000 年左右的妇人黏土雕像，造型夸张，贯通着一种神秘的精神。

博物馆还收藏了公元前 7 世纪至公元前 2 世纪徐亚人的大量黄金制品，这些黄金制品相当精致，大部分采用动物造型或以动物形象雕饰，遗物上的动物，都是老虎、狮子、豹等猛兽的形状，而且不乏野蛮相搏的形状，这说明作为游牧部落，他们每天都要和野兽搏斗，因而他们赞美力量和机智，并且，他们塑造的动物形象并不是完全写实的，也有某种类似原始社会艺术的象征特点。

艾尔米塔什博物馆，以其卓越的建筑、辉煌的艺术以及珍贵的藏品吸引着世界各地的专家学者和旅游观光的人。

镇馆之宝

伏尔泰像

伏尔泰是卓越的哲学家、批评家、戏剧家，在法国启蒙运动中最有影响的人物。这个坐像是乌东在伏尔泰经过多年流放，胜利地回到巴黎之后立即制作的。

作品中，伏尔泰被表现为身穿古代宽敞的长袍，身躯前倾，面带嘲讽微笑的形象。宽松的长袍几乎遮盖了年逾 80 的伏尔泰的孱弱身躯，其流畅概括的衣纹又显示出稳重的造型感，使人物产生一种庄严高尚的气质，俨然是一位古代先哲。这位思想家虽年岁已高，但颜容仍然焕发着锐气逼人的智慧和魄力，特别是眼部的雕刻，妙不可言地表现了眼睛的透明晶亮和由此流露出人物内心的无穷奥秘。

◀ 伏尔泰坐像雕塑是博物馆的镇馆之宝。

▲ 俄罗斯博物馆前艺术广场中部的普希金铜像

俄罗斯博物馆
——俄罗斯

俄罗斯博物馆是俄罗斯及世界著名历史博物馆，是俄罗斯实用艺术品收藏最多的博物馆，同时它又是世界上藏品最丰富的博物馆之一。

博物馆概况

在涅瓦尔大街附近有个艺术广场，广场上有几座博物馆和一座剧院，其中最引人注目的就是米哈伊尔宫。该宫由罗西设计，建于1819—1825年间，是为沙皇御弟米阿伊拉 - 巴夫格维奇大公建造的。1898年改名为俄罗斯博物馆。到目前为止正门阶梯、白柱大厅存下来并没改动，但是米海洛亲王宫殿里的其他大厅已改成博物馆专用。为了展览迅速增加的藏品，在宫殿旁边别努阿设计师1914—1919年多建设了一个厢房。米海洛夫斯基前面的艺术广场中部有安尼库申1957年雕刻的普希金铜像。

建筑师在传统庄园设计图的基础上，设计了这座高大雄伟宫殿的平面图。宫殿正前方，最引人注目的由八根白色圆柱及44个浅浮雕构成的三角形檐壁墙共同组成科林斯式回廊。大殿主要外观前有巨大的宅院，由漂亮、密集的栅栏围着；宫殿大门有宽大的阶梯；狮子浮雕和倾斜弯曲的螺旋形坡道；中心花园着重强调了多柱凹廊。俄罗斯博物馆前面还有一个中心结构的协调对称的综合艺术广场。

国立俄罗斯博物馆收藏的俄罗斯艺术作品是全世界最多的。馆内收藏了大量不同时期的艺术珍品。馆藏的2500多幅圣像画、2万多件民间工艺品，就像是从10世纪到今日俄罗斯民间艺术的百科全书。博物馆还藏有18 ~ 20世纪俄罗斯雕塑艺术珍品，以及丰富的俄国学院派写生画收藏品。与莫斯科的特列季亚科夫美术馆的藏品不同，该馆收藏的绘画作品以18 ~ 20世纪初的作品为主，从这个角度讲，它与特列季亚科夫美术馆的绘画藏品互为补充。

展厅展示

这所博物馆的藏品主要是由米哈伊洛夫宫的藏品和沙皇郊区行宫以及彼得堡显贵——尤苏波夫、舒瓦洛夫和舍列梅季耶夫家族的实用艺术作品构成的。博物馆里保存着从彼得一世到尼古拉二世沙皇家族的不少物品。

实用艺术藏品中最丰富的是瓷器，约占该馆藏品总数的2/3。它囊括了从维诺格拉多夫时期起的俄国瓷器发展各个阶段的代表作品。这里收藏的维诺格拉多夫瓷器直到今天都是世界上最丰富的，这些瓷器主要由尼古拉·尼古拉耶维奇·罗曼诺夫公爵提供。博物馆的藏品中还有从伊丽莎白·彼得罗夫娜到尼古拉二世沙皇用过的餐具。

博物馆收藏的俄罗斯艺术玻璃作品门类俱全、水平高超。譬如那里有18世纪的优秀作品，有曾经属于彼得一世、安娜·约安诺夫娜、叶卡捷琳娜二世以及其他俄国统治者的物品，还有为1812年卫国战争而创作的优秀藏品。

艺术织物中最可贵的是披肩、金线编织的丝巾、宗教服饰以及彼得堡壁毯，其中最著名的就是《波尔塔瓦大会战》壁毯。

家具部分收藏的主要是米哈伊洛夫宫白厅和其他厅的家具和装饰风格。这里展出的是从彼得罗夫时期起各个时期的家具。是按卡·伊·罗西、瓦·彼·斯塔索夫和安·伊·施塔肯施奈德等杰出设计师的设计制作的家具。

镇馆之宝

《伏尔加河上的纤夫》

《伏尔加河上的纤夫》是伊里亚·叶菲莫维奇·列宾在19世纪80年代初创作的批判现实主义油画中的杰作。这是画家亲眼看到的情景，成为挥之不去的记忆，列宾决定把这一苦役般的劳动景象画出来。

狭长的画幅展现了这群纤夫的队伍，阳光酷烈，沙滩荒芜，穿着破烂衣衫的纤夫拉着货船，步履沉重地向前行进。纤夫共11人，分为三组，每个形象都来自于写生，他们的年龄、性格、经历、体力、精神气质各不相同，画家对此都予以充分体现，统一在主题之中。全画以淡绿、淡紫、暗棕色描绘头上的天空，使气氛显得惨淡，加强了全画的悲剧性。

1873年，评论家斯塔索夫在一份杂志上对这幅画及其作者是这样评价的：“列宾是同果戈理一样的现实主义者，而且也同他一样具有深刻的民族性。他以勇敢、以我们无可比拟的勇敢，一头扎进人民的生活，人民的利益，人民的伤心的现实的最深处，就画的布局和表现而论，列宾是出色的、强有力的艺术家和思想家。”的确，这幅油画无论从思想性上还是从技巧上都可称得上是19世纪70年代批判现实主义艺术的高峰。

▼伏尔加河上的纤夫

莫斯科特列季亚科夫画廊
——俄罗斯

特列季亚科夫画廊是俄罗斯最伟大的艺术收藏馆之一，目前画廊有藏品 13 万件，几乎涵盖了俄罗斯所有流派的艺术精品，完整地展示出俄罗斯从古至今的全部艺术史。

博物馆概况

与克里姆林宫隔莫斯科河相望，就是俄罗斯最伟大的艺术收藏馆之一——俄罗斯国立特列季亚科夫美术博物馆。特列季亚科夫画廊坐落在拉夫鲁申胡同，是一座俄式楼阁建筑，具有波雅尔（俄国最高等级大贵族）宅第风格。1902 年，由画家维

▼特列季亚科夫画廊是一座俄式阁楼建筑。

克多·瓦斯涅佐夫设计，依照俄国童话形式在克里姆林墙街10号建成新馆，收藏苏联以及苏联后时期的艺术作品。

特列季亚科夫家族经营过亚麻布和纱线，开办过几家纺织企业。家族中，最有名的是帕维尔（1832—1898）和谢尔盖（1834—1892）兄弟。哥哥帕维尔担任过新科斯特罗马亚麻纺织公司经理、莫斯科商业银行理事会理事、莫斯科关心穷人理事会及艺术协会理事。此外，他还出资开办了聋哑儿童学校，赞助过一些潦倒的画家以及莫斯科绘画、雕塑和建筑学校。弟弟谢尔盖则喜欢收藏西欧彩色画，1877—1881年还曾出任过莫斯科市市长。

1856年，帕维尔购买了第一批油画，开始了创建画廊的事业。1874年，这座私人博物馆向公众开放，颇受欢迎。1892年，帕维尔为实现他与刚去世的弟弟的共同心愿，将两人收藏的2000余件艺术品捐赠给了莫斯科市。十月革命时，画廊里共有展品4000件，主要是俄国画家创作的油画和雕塑。1918年6月3日，列宁签署了《改莫斯科特列季亚科夫画廊为国家博物馆》的法令，将原鲁缅采夫等博物馆及许多私人藏品皆并入该馆，使之成为俄国最早的民族艺术博物馆。百余年间，画廊几经扩建并不断充实馆藏，成为最大的俄罗斯美术作品博物馆之一。到1991年，展品增加到5.5万件，几乎涵盖了俄罗斯所有流派的艺术精品。

博物馆收藏

特列季亚科夫画廊目前有藏品13万件，作品年代从11至20世纪。包括4万余件17、18世纪俄国圣像画，18、19世纪俄国著名画家的作品以及苏联时期画家的作品。原本是一处安静的小巷，但由于有了画廊的存在，来自世界各地热爱艺术的人们每天（星期一除外）在这里排起长长的队伍。

画廊共分60个展厅，一般按创作年代的先后为序，其中堪称瑰宝的是19世纪末和20世纪初俄巡回展览画派大师的油画。这一画派由克拉姆斯科伊和彼罗夫创立，由于在俄国各大城市巡回展出美术作品而得名。克拉姆斯科伊、彼罗夫以及该画派的代表人物列宾、苏里科夫、瓦斯涅佐夫和列维坦在画廊里都设有专门展厅。在画廊里可以看到克拉姆斯科伊的油画《无法抑制的悲痛》和《基督在旷野》、彼罗夫的油画《送葬》和《三套车》、列宾的《伏尔加河上的纤夫》和《伊凡杀子》、苏里科夫的《女贵族莫罗佐娃》、瓦斯涅佐夫的《三勇士》、列维坦的《永恒的宁静》

等等杰作。

镇馆之宝

《无名女郎》

这是一幅颇具美学价值的性格肖像画，画家以精湛的技艺表现出对象的精神气质。她侧身端坐，转首俯视着这个冷酷无情的世界，显得高傲而又自尊。这种姿势语言表明画中人物与这个世道格格不人，冷眼审视，不屑一顾，又不愿与之合流的神情，这隐含着当时一部分民主主义知识分子对社会的态度。这幅女子肖像显示的美在于性格表现，也体现画家的美学观。我们面前这位女子没有华丽服饰和贵夫人的打扮，而是入时得体，是上流社会有文化、有修养、品位极高的知识女性打扮。色调浓重且有变化，冷漠、深沉、俊秀的面孔鲜明突出，格外庄重、典雅而高尚。

画面以冬天的城市为背景，白雪覆盖着屋顶，朦胧湿润的天空，使人感到寒意。女郎的毛皮手笼、镯子、帽子上的白色羽毛、蓝紫色的领结，都表现得极为精到。而最令人惊叹的是人物的精神气质，实在被描绘得精湛绝伦。它确实无愧为一幅杰出的性格肖像画名作。这个画像中的美丽女郎，有人说是托尔斯泰小说中的安娜·卡列琳娜，也有人说是莫斯科大剧院里的某个女演员。但不管她是谁，其精神气质确实很能打动观众。

第二章

美 洲 卷

与其他大洲的博物馆相比，美洲博物馆似乎更以现代、科学、新奇取胜。在这里我们可观赏到具有尖端技术的飞机、宇航器、火箭等各种航天工具，搜集自世界各地的稀奇古怪的藏品，还可观赏到闻名世界的科学奇迹。

纽约自然历史博物馆
——美国

纽约自然历史博物馆以收藏标本之富、涵盖科学面之广而著称，置身馆中犹如踏进了知识的迷宫，形形色色的标本会使人眼花缭乱。馆内的有关古生物和人类学标本的收藏，是世界其他博物馆所完全不能相比的。

博物馆概况

在美国纽约曼哈顿区有一座博物馆，它独占中央公园西侧第 77 路到 79 路，基地总面积 7 万多平方米，用 22 座建筑物组成了一个自然历史殿堂。它就是有口皆碑的纽约自然历史博物馆。它有 50 多个展厅，收藏着人类有史以来的各种植物、动物和矿物标本 3600 万件之多。现陈列有天文、矿物、人类、古动物和现代动物 5 个方面、12 个学部。就它收藏标本之富，涵盖学科面之广，都无愧世界最大的博物馆之一的美誉，尤其是古生物和人类学的收藏，更是世界上其他博物馆莫能望其项背的。

精湛的展览内容是以它广泛深入的科学研究为基础的。馆内的图书馆藏有 10 多万册专业书籍，照相部收藏有 50 多万张自然史方面的底片，建立的各种实验室及研究室等，都为科学家们提供了良好的研究条件。每年自己出版 10 多种期刊和各种书籍，以发表研究成果，其中《自然史》杂志已创办 70 多年了。可以说，这座博物馆是一

▼ 纽约自然历史博物馆有世界最大博物馆之一的美誉，其在古生物和人类学方面的收藏是世界上其他博物馆所无法相比的。

个名副其实的教育中心和研究中心。

展厅展示

纽约自然历史博物馆建立于1869年。它的展品采集于世界的各个角落。置身馆中，犹如踏进了知识的迷宫，形形色色的标本，使人眼花缭乱。

博物馆收藏着包括恐龙在内的脊椎动物化石标本33万件。在恐龙展厅里有高达20多米、重30 ~ 40吨的雷龙，也有较小的霸王龙，它们有的食草，有的食肉。令人感兴趣的是，这里展出的原角龙的骨架和蛋，其中有的竟是刚从蛋壳中孵化出来的极为难得的小原角龙标本。高耸在展厅内的巨大恐龙骨架，80%是真正的恐龙化石，也有一部分是复制品。这些标本有的来自加拿大的冻土带，也有的来自美国西部，还有的发掘于蒙古的戈壁滩中。

▲ 纽约自然历史博物馆内保存的恐龙化石。

馆中收藏的鱼类标本有100万件。鱼类厅中有400多种代表鱼类，展示了世界各地人们不易见到的鱼类。一条29米长的巨大蓝鲸模型高悬在空中，更加显示出这个“鱼中之王”的威力。

鸟类的陈列也是丰富精致的。在鸟类生物学厅内，有生活在6000万年前的黄昏鸟和重达450千克的象鸟化石。在海洋鸟类厅内，有夏威夷、新西兰等地奇异的鸟类。北美鸟类厅，则是世界上第一个用生态类群方法展出的展厅。

现存的哺乳动物约3900种，该馆收藏的标本约250万件。非洲象、非洲虎、亚洲羚羊和苏门答腊犀牛等大型动物标本制作得栩栩如生，而且是按其生活环境、布置在模拟的立体布景之中，生动逼真。

在它的海登天文馆里的陨石陈列中，有两块是世界著名的陨石，大的重340吨，小的重15.5吨。矿物馆里有世界上最大最好的印度星状蓝宝石，重达563克拉，

1964年曾被盗走，后来又被追回，重新展出。

人类学展厅，是它的重点展出内容之一。这里展示了印第安人、因纽特人以及中美洲、非洲和大洋洲等地居民的风俗习惯、住所、用具、服饰和人体，其多采用立体布置。在一个印第安人的祭神仪式展项前，你可以看到，祭司手持法器站在中央，表情庄重，似乎正在念念有词地祈祷，两边有两位妇女盘腿而坐，虔诚之至地在聆听，人物造型达到乱真的程度。

馆中还专设一间“罗斯福纪念厅”，是为了纪念已故美国第26届总统西奥多·罗斯福对这座馆的支持，里面展出了他青年时期从事考察工作的事迹。

在展出方法上，该馆大量使用生态布景方法，一共有200个大型的展橱，增加了生动的气氛。近些年来，还应用了影视方法，制造出活动的、充满生气的背景，提供了更能衬托展览内容的环境。在矿物厅里，是无光暗厅，在聚光灯的照射下，矿石、宝石等更显现出它们五光十色的瑰丽的特点来。

这许许多多的珍藏，除了捐赠、购买以外，相当多的是靠该馆的科学家们远涉重洋亲自采集的，他们的足迹已经遍及世界各地。

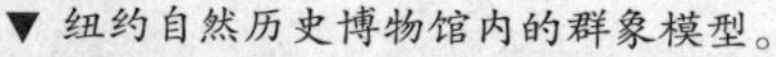
▼ 纽约自然历史博物馆内的群象模型。

▲ 纽约现代艺术博物馆内的座椅摆放和院中雕塑相呼应，充满了艺术感。

纽约现代艺术博物馆
——美国

纽约现代艺术博物馆是现当代艺术收藏、展示和研究的最著名机构之一。它主要展示从19世纪末至今的艺术作品，作品的范围囊括了雕塑、版画、摄影、印刷品、商业设计、电影、建筑、家具及装置艺术等项目。

博物馆概况

纽约现代艺术博物馆坐落在纽约市曼哈顿城中，位于曼哈顿第53街（在第五和第六大道之间），是当今世界最重要的现当代美术博物馆之一，与英国伦敦泰特美术馆、法国蓬皮杜国家文化艺术中心等齐名。

博物馆建于1929年夏天，当时由三位女士Lillie P. Bliss（丽莉·布利斯）、Mary Quinn Sullivan（苏利文夫人）、Abby Aldrich Rockefeller（洛克菲勒夫人）共同

创设，并将此馆开放给公众参观，同年 11 月 8 日正式开幕。营建和收藏品管理主要由洛克菲勒家族财务支持。20 世纪四五十年代的背后赞助者，就是洛克菲勒夫人的儿子 Nelson Rockefeller（洛克菲勒），他亦曾称此博物馆小名为“妈妈的博物馆”。该馆成立之时，纽约的其他博物馆尚未致力于收藏现代艺术作品，就连现代艺术博物馆的开馆作品，也只有收藏家赠送的八件油画与一件素描，第一位馆长 Alfred H. Barr（艾尔弗雷德 · 巴尔）将开馆作品安置于曼哈顿海克薛大厦的暂时馆址，首要之事便是寻找永久而够大的馆址。

在 1929—1939 年间，现代艺术博物馆迁移了三次，直到 1939 年 5 月 10 日才正式在目前馆址安居。现代艺术博物馆的主体建物，在当时是由建筑师菲利浦 · 葛文和爱德华 · 斯顿设计的，外观具有典型国际风格的水平与垂直线条。

2000 年之后，现代艺术博物馆由于馆藏扩充甚多，原馆址亦需整修，遂开始了新建物的计划，该馆在 2002 年 5 月 21 日关闭，将部分馆藏迁往皇后区长岛市的一个旧订书针工厂继续展览，称作 MO MA QNS。2004 年 11 月 20 日，由日本建筑师谷口吉生设计的新馆开幕，门票从 12 美元调涨到 20 美元，引起了不少争议。使它成为纽约市中最昂贵的博物馆之一。幸而该馆经美国 Target 连锁店赞助后，保持于每周五下午四点后，开放访客免费参观。谷口吉生的作品也在开馆时广受评论，除批评外观不过是一个中规中矩的现代建筑外，亦有不少人对馆内动线感到不满。

博物馆收藏

博物馆最初以展示绘画作品为主，后来展品范围渐渐扩大，包括雕塑、版画、摄影、印刷品、商业设计、电影、建筑、家具及装置艺术等项目，直到现在，其艺术品数量已达 15 万件之多。主要展示从 19 世纪末至今的艺术作品。该馆亦有不少美国现代艺术家的经典作品，如杰克森 · 波洛克、格鲁吉亚 · 欧姬芙、辛迪 · 雪曼、爱德华 · 霍普、安迪 · 沃荷、尚 · 米榭 · 巴斯奇亚、岑克 · 克罗斯、雷夫 · 巴格许与贾斯培 · 琼斯。

现代艺术博物馆同时也是将摄影艺术纳入馆藏的重要机构，在第一任摄影部主任爱德华 · 史泰钦的主持下，收入了不少新闻摄影与艺术摄影的杰作，并由约翰 · 札考斯基扩大规模，将电影、电影剧照等也纳入收藏，使得此馆成为美国电影与影片收藏的重镇。

该馆也针对设计作品开始典藏，包括有野口勇的设计产品、乔治 · 纳尔逊、保罗 · 拉兹罗、埃姆斯夫妇等设计的椅子、灯具。收藏品范围相当广，小从第一个能自动调整角度的滚珠轴承，大至一台贝尔 47D1 型的直升机。

镇馆之宝

《星月夜》

挚爱深夜的梵·高在阿尔时期曾有两件作品描绘星空，本幅和《夜间咖啡屋》。这两件作品中，闪烁于碧蓝色夜空中的交通星星，格外夺人眼目。在圣－雷米的初期所画的这幅《星月夜》是梵·高深埋在灵魂深处的世界感受。每一颗大星、小星回旋于夜空中，新月也形成一个旋涡，星云与棱线宛如一条巨龙不停地蠕动着。暗绿褐色的柏树像一股巨型的火焰，由大地的深处向上旋冒；山腰上，细长的教堂尖塔不安地伸向天空。所有的一切似乎都在回旋、转动、烦闷、动摇，在夜空中放射艳丽的色彩……

这幅油画是他所画的为数不多的、不靠直接观察对象，而用虚构的形与色，凭想象创造某种气氛的作品中的一幅。梵·高的《星月夜》，画着一些入睡的小屋，丝柏从下面伸向深蓝色的天空；一些黄色的星与闪光的橘黄色的月亮形成旋涡，天空变得活跃起来。这是体现内心的、最紧张的幻想，是发泄无法抑制的强烈感情的创造性尝试，而不是对周围大自然平心静气研究的结果。

这幅画中呈现两种线条风格，一是弯曲的长线，一是破碎的短线。二者交互运用，使画面呈现出炫目的奇幻景象。这显然已经脱离现实，纯为梵·高自己的想象。左构图上，骚动的天空与平静的村落形成对比。柏树则与横向的山脉、天空达成视觉上的平衡。全画的色调呈蓝绿色，画家用充满运动感的、连续不断的、波浪般急速流动的笔触表现星云和树木；在他的笔下，星云和树木像一团正在炽热燃烧的火球，正在奋发向上，具有极强的表现力，给人留下深刻的印象。

《亚威农少女》

正当人们在期待毕加索以“蓝色时期”和“粉红色时期”为起点而迈出新的探索阶段时，1907 年，他画出了这幅《亚威农少女》。

这是一幅与以往的艺术方法彻底决裂的立体主义作品，当时不免要遭到来自社会各方面的嘲讽和指责。这幅画表现了什么内容呢？毕加索以他青年时代在巴塞罗那的“亚威农大街”所见的妓女形象为依据。这条街以妓院林立而闻名。画上的女

▲ 毕加索名作《亚威农少女》总是不乏欣赏者。

人形象，就是这条街上的妓女们。画家曾多次易稿。在这件作品的草图中，曾出现一个海员和一个刚进门的医学院学生。毕加索大胆地画了五个姑娘和两个男人。背景是妓院的客厅或饭厅。后来几经修改，又作了大胆的突破。毕加索曾对人说，他讨厌这个题目。因为亚威农的姑娘并非是些风姿绰约的妙龄女郎，而是一些出卖爱情的妓女，她们与画上的女人毫无干系。这幅画的题目是诗人萨尔蒙给起的。也许诗人根据这些裸女，才把她们与亚威农妓院联系起来。

在这幅画上，观者多少可感觉到画家着意于纯粹的田园风趣。五个裸体女人的色调是以蓝色背景来映衬的。蓝色使他想起戈索尔那美丽宜人的风光。但观众看到的是一群几何形变异的女人。右边坐着的一个女人像戴上假面具一般，当她转过身来，脸容十分可怕，就像从阴间爬出来的鬼魅，颜色却又像烤熟了的乳猪。最左边一个女人，正拉开赭红色的布幕，为要展示她的姐妹们的菱形身体。她那严肃的表情、侧面的轮廓，简直像埃及的壁画。中间还有一堆水果。总之，这些形象使人观后产生作呕感。当诗人把这些形象与亚威农相联系时，观众似乎受了侮辱一般，责骂毕加索的鄙俗。殊不知，这幅画在以后的十几年中竟使法国的立体主义绘画得到空前的发展，甚而波及其他领域。不仅在美术上，连芭蕾舞、舞台设计、文学、音乐上，都引起了共鸣。《亚威农少女》开创了法国立体主义的新局面，毕加索与勃拉克也成了这一画派的风云人物。

《记忆的持续性》

《记忆的持续性》是达利早期的代表作，也早已被人们所认知和广为传播。

在超现实主义绘画运动中最积极、最有影响力的就是西班牙著名画家达利。这位活跃于绘画、文学、电影、珠宝、工艺设计等多方面的超现实主义重要人物，早年就学于马德里美术学校，1928 年来到巴黎，受毕加索、米罗和超现实主义理论家布勒东的影响，很快投身其艺术活动并成为超现实主义运动最活跃的人物。20 世纪 30 年代他创作了《记忆的持续性》等著名超现实主义画作，色彩明亮，几乎与着色照片一样，因此他自己戏称为“手绘照片”。在这些小巧的袖珍画布上，常常出现钟表、昆虫、钢琴、电话、照片、旧印刷品等物体，画家往往将它们变形成为一种梦魇般的形象。

《记忆的持续性》以袖珍画的技法，描绘了一个死寂般的旷野。平静如镜的海面，一马平川的沙滩，荒凉的海岸，以及在这个环境中不可能出现的方形台座，一块板、一棵树。画面突出表现了像软饼式的三块钟表，它们有的挂在树上，有的垂在台座上，另一块疲软地搭在像人脸的白色生物上，还有一块未变形的红色钟表，它上面爬满了黑色的蚂蚁。方台上的那块软表上还歇着一只苍蝇，蚂蚁与苍蝇画得纤毫毕露，连它们的投影都精细地绘出。然而画中的一切又是那样荒诞不经，画家以一种妄想的脉络和不近情理的方式，来表达人们早就习以为常的生活规律和可知物体。在这里时间似乎已经停止，空间已经凝固，现实在这里消失，留下的只有迷离的梦幻和引人兴趣的情景。画家在画中所创造的软塌塌的表，逐渐成为人们心目中超现实主义的典型形象和代表图式。

▶纽约现代艺术博物馆内保存的美术作品。

波士顿美术馆
——美国

波士顿美术馆是以聚集古埃及、古希腊、古罗马、中世纪近代直至现代各国名作而享誉世界的大型综合性美术馆，它更是以收藏东方艺术品而著称于世。

博物馆概况

有“一夜之间诞生的博物馆”之称的波士顿美术馆，位于柯布莱广场，是以聚集古埃及、古希腊、古罗马、中世纪、近代直至现代各国名作而享誉世界的大型综合性美术馆。特别是其美国特色、与欧洲大博物馆完全不同的成立过程，成为世界艺术发展史的一段佳话。波士顿也是欧美最大、最重要的收藏日本艺术品的博物馆。

▼波士顿美术馆是享誉世界的大型综合性美术馆。

波士顿早期的青铜器收藏更是雄居美国首位。

波士顿美术馆1870年动工兴建，1876年7月4日（美国独立百周年纪念日）建成开馆。此时的波士顿被称为“美国的雅典”，是美国形成时期的文化中心。但是见过欧洲文化生活的市民，认为应该在自己的城市建立美术馆和交响乐团。1869年10月，在自然科学协会的集会中提出振兴艺术的想法。1870年2月4日，州议会决定设立美术馆，制定出庞大的建设计划，着手陈列品的借用、捐赠和收集工作。经过多方捐赠和协助，终于一个有着希腊神殿巨柱、戏剧性的圆顶和庄严的巨型阶梯的宏伟建筑屹立于波士顿柯布莱广场。

▲ 波士顿美术博物馆内保存的绘画作品。

博物馆收藏

这是波士顿人引以为豪的美术馆，它与美国纽约大都会艺术博物馆、巴黎和卢浮宫、圣彼得堡的艾尔米塔什美术馆等齐名，为世界四大美术馆之一，展厅面积之大，展厅天花板之高，庭院之美，以及130多年以来收藏作品之丰富，令参观者目不暇接，流连忘返。按地域分，展出作品来自欧洲、美洲、亚洲等区和非洲的埃及；从时间角度看，分别是从四大古代文明之一的埃及文明开始，直到当今美国的现代艺术，可谓是古今全人类艺术的大荟萃。馆内分东方美术、埃及美术、希腊罗马美术、欧洲装饰艺术、绘画素描、印刷照相展及染织衣物等八大部分。

波士顿美术馆的藏品主要来源于波士顿图书馆的美术品收藏、哈佛大学收藏的版画、麻省理工学院的建筑模型和石膏像、私人捐赠。1909年，博物馆扩建、调整，分设有：亚洲部、埃及部、希腊罗马部、雕塑部、绘画部、工艺部、纺织部，共有展室178个。

波士顿美术馆也是埃及文物的重要收藏地，除了开罗博物馆、古代埃及王国的出土物，以波士顿收藏最多。过去40年间美术馆与哈佛大学进行的合作探索与挖掘，收获也相当惊人。它也是收藏古代亚洲文物的中心，除了日本、韩国外，还有无数的中国文物，尤以宋、元、明、清的绘画著名，堪称全球第一，佛教画更是无馆可敌。馆内还收藏很多早期的美国文物，包括银器、瓷器、家具、绘画等。

值得一提的是，这里也是法国印象派绘画海外最重要的收藏地。仅印象派首席大师马奈的作品就有38幅之多，而雷诺阿、梵·高、高更、米勒的传世代表作，都为波士顿美术馆所珍藏。

镇馆之宝

《历代帝王图》

现藏于美国波士顿美术馆的《历代帝王图》是中国唐代画家阎立本人物画代表作。又称《古帝王图》。此图绢本，设色，纵51.3厘米，横531厘米。

此图描绘从西汉至隋朝13个皇帝的形象。画家力图通过对各个帝王不同相貌表情的刻画，揭示出他们不同的内心世界、性格特征。那些开朝建代之君，在画家笔下都体现了“王者气度”和“伟丽仪范”；而那些昏庸或亡国之君，则呈现委琐庸腐之态。画家用画笔评判历史，褒贬人物，扬善抑恶的态度十分鲜明。人物造型准确，用笔舒展，色彩凝重。

从画像来看，虽仍有程式化的倾向，但在人物个性刻画上表现出很大的进步，不落俗套，而显得个性分明；画中按等级森严的封建伦理观念，处理人物的大小。《历代帝王图》用重色设色和晕染衣纹的方法，有佛教艺术的影响。

《塔希提少女》

高更把塔希提岛那未经开发的充满原始生命力的土地看作是人类的“乐园”，当他面对着塔希提岛上那些未失去原始面貌的大自然风光，面对那些肤色黝黑，体格健壮，显示着原始人的野性美，心地善良，面孔笃诚，因思想简单淳朴而格外虔敬的土著人时，他为此激动不已，认为这正是他所追寻的“乐土”。为此，他画了一批如梦如诗，带点儿神秘意味的画作。此画作于1897年，是高更以最大的热情完成的一幅“宏伟的作品”。

这段时期的画家贫病交加，心情沮丧，极端愤世嫉俗，便决定自杀，他曾喝下毒药却自杀未遂。就是在这种逆境中，高更以巨大的创作热情画了此画。他说他画此画时像做了一场梦，当梦醒了时，他才对着他完成了的作品，道出了贯穿始终的构思：“我们从哪里来？我们是谁？我们住哪里去？”这就是此画的主题。此画的右边有一个刚刚诞生的婴儿，中间有一个采摘水果的青年，左边是一个行将就木的老妇。这一连串的形象，寓意着人类从生到死的命运。虽然其形象、色彩和构图看上去像是神话或传说，那富有的异国的邈远，静悄悄和神秘的意境再加上这样一个标题，使人感到更加神秘。其实，画家在此只是表现那些土著人一种偶然的臆想。此画可以说是高更多年来对塔希提岛的印象的综述，是他献给自己的墓志铭。

▼塔希提岛是高更的精神家园，《塔希提少女》。

▲ 雍容华贵的牡丹是中国人的最爱，在哈佛大学植物博物馆中你也可以看到中国牡丹的身影。

哈佛大学植物博物馆
——美国

哈佛大学是美国最古老、最负盛名的学校，校内的植物博物馆也同样被世人所称道。这座博物馆里的珍贵藏品“玻璃花”，被誉为“科学中的艺术奇迹，艺术中的科学奇迹”，在世界上享有盛名。

博物馆概况

哈佛大学是美国最古老、最负盛名的学校。它不仅以其独特的教学方法培养出许多杰出人才而著称于世，它的设施也是一流的。它有一座被世人称道的哈佛大学植物博物馆，这座博物馆里的珍贵藏品“玻璃花”，被誉之为“科学中的艺术奇迹，艺术中的科学奇迹”，在世界上享有盛名。

当你走进植物博物馆的玻璃花陈列室，你就会看到瑞士的龙胆草伴随着墨西哥的胭脂仙人掌；埃及的睡莲清新淡雅，处女一般恬静；罗马尼亚的红玫瑰娇艳夺目，火一般热烈；中国的梅花清秀高雅，牡丹雍容华贵；尼泊尔的喜马拉雅杜鹃昂首怒放；荷兰的金盏菊如闪烁的繁星；朝鲜的金达莱和丹麦的五叶银莲花在争奇斗艳；新加坡的丽西施使人想起“浓妆艳抹总相宜”的诗句；还有日本的樱花、法国的郁金香、委内瑞拉的五月兰、巴基斯坦的鸡蛋花；甚至捷克的啤酒花也在这里扬起骄傲的小脸。当参观者趋近细瞧的时候，可以看到比头发丝还细的植物须根；清晰逼真到仿佛有汁液在叶子上流动；色彩夺目，娇柔可爱的黄色、粉色、绿色、红色的花萼、花蕾、花冠、花蕊；酷似到可以引出人们口水的各种果实；尤其是那站立在花蕊之上，正在吸吮花蜜，传授花粉的小蜜蜂，翅膀如蛛丝薄纱，几乎让人疑心能听到嗡嗡声！

馆内4000件玻璃标本代表164个科，847个品种，几乎涉及植物王国的所有家族。所有的植物标本都是按植物进化的过程依次陈列的。新英格兰植物学会主席沃尔特·迪恩曾用放大镜检验了16件玻璃标本，并和他的植物标本室的标本作了对照，结果没有找到任何差错。这里还有一组隐花植物模型和一组蔷薇科植物的果实遭到病虫、菌类侵害的模型。数千件模型都在以其栩栩如生、惟妙惟肖的姿态展示着植物世界的新奇、美丽以及它与人类不可分割的关系。参观者在这里不仅学到了丰富的植物学知识，而且得到了很高的艺术享受。无怪乎有人把美国的玻璃花同中国的万里长城相提并论，说“到中国的人，不看看万里长城是件憾事，到美国的人，不看看哈佛大学植物博物馆的玻璃花也是个憾事”。

▶ 哈佛大学是美国最古老、最负盛名的学校，校内的植物博物馆在世界上也享有盛誉。

镇馆之宝

玻璃花

100多年前，在这座博物馆行将落成的时候，植物学教授们对如何保持植物标本的鲜艳和真实而大伤脑筋。一位叫古达的教授曾设想象布置动物标本那样来处理植物标本，但纤维类的植物不像有皮毛的动物那样可以制成栩栩如生的标本，因为水分的丧失会使植物变得干燥、枯黄；而以绘画、照片来代替又无法表现得很充分；用蜡来造型远观还可以，近看就显得太粗糙。正在古达教授忧心忡忡的时候，动物博物馆陈列的用玻璃制作的非常精致而又逼真的水母及其他海洋动物模型启发了他：玻璃可以制成形态逼真的动物，为什么不能制成栩栩如生的植物呢？于是他立即前往德国，访问著名的玻璃艺术家——索欧包尔德·布莱斯契卡和鲁道夫·布莱斯契卡父子。在艺术家接待室的架子上，古达看到了可以乱真的玻璃兰花。1887 年，布莱斯契卡父子开始为植物博物馆制作世界上独一无二的艺术珍品。1896年，鲁道夫·布莱斯契卡来到美国，在哈佛大学植物博物馆长期从事植物标本收集保管工作，并继续研究和制作玻璃花。艺术家对植物的悉心研究，不懈的艺术追求和忘我实践，使哈佛大学植物博物馆的玻璃花越开越艳，以其独特的魅力，吸引着千千万万的人慕名而来。

布莱斯契卡家族制作玻璃花的技艺代代相传，已有 500 多年的历史。但由于小布莱斯契卡没有后代，又没有收徒，这项技艺如今已经失传。所以哈佛大学的玻璃植物成了世界独有的瑰宝。

哥伦比亚黄金博物馆
——哥伦比亚

黄金是世界流通的货币，其价值世人皆知。哥伦比亚因其得天独厚的地理位置成为“黄金之国”，也因此这里建有闻名世界的黄金博物馆。

博物馆概况

驰名世界的哥伦比亚黄金博物馆，坐落于首都波哥达市圣坦拉斯公园东侧，馆内收藏着26000多件价值无法估量的古代印第安人使用过的金器，还有许多玉石制品，

▼ 历史上哥伦比亚是传说中的黄金之国，印第安人都喜欢用黄金做首饰。图为黄金博物馆内保存的黄金制品。

还珍藏着世界上最大的翡翠。再现了印第安人早年的文化和斗争的历史。黄金博物馆里的这些陈列品，有着不平凡的历史。

历史上，哥伦比亚是盛产黄金的国家，是传说中的黄金之国。早在2000多年前就生产黄金。据统计，从16世纪初到19世纪末，哥伦比亚年产黄金平均约3500千克，在整个西半球居第一位。从5世纪开始，印第安人就都喜欢用黄金作装饰品，如耳环、鼻环、项链、手镯、脚镯，各种壶、杯、盘、碗、碟、假面具及香炉等，这些装饰品或菲薄如纸，或纤细如丝、玲珑剔透。一个人佩戴黄金首饰的多少，可以显示他社会地位高低。

黄金除了作装饰品外，还用于对“太阳神”作牺牲祭祀。印第安人信奉太阳神教。每逢酋长传位加冕或祭天拜神时，浑身涂上树脂，喷上金粉，变成“镀金人”，乘木筏到神圣的瓜达维达湖朝拜。在湖中沐浴之后，身上的金粉就溶落到湖里，部落的居民全身披挂着闪闪发光的金器饰物站在岸边，纷纷将金器、宝石、翡翠等财宝投入湖中。日积月累，湖底宝石金器成堆，以致后来西方人进入南美后，许多人去湖底淘宝。

古老的印第安人与其他古老的民族一样，也相信人死后还有来世。因此，当一个人去世时，他们往往将金器塞入死者腹内以防止尸体腐败并保护灵魂，还要把他生前所用的黄金珍宝随葬。在黄金博物馆的陈列大厅里复原陈列着一个部落酋长的墓葬，观众可以清楚地看到，墓中安卧着酋长，头戴金帽，脸盖金面罩，耳戴金耳环，脖子上戴着12个金项圈，胸前挂着一面很大的金锣，手腕上和脚脖上挂满了金镯子，手中握着金宝剑，尸体旁还散放着许多陪葬的金制器皿。这个1000多年前的部落酋长死时用掉的黄金实在是令人惊叹！

16世纪初，西班牙殖民者在黄金梦的驱使下，曾进行过一场大规模的远征，到处搜寻镀金人，掀起了疯狂的盗墓热，并修建熔炼炉，把抢夺到的金器熔化铸成金锭运回本国。印第安人将金器坚壁起来，使金器文化一部分得以保存。

展厅展示

哥伦比亚黄金博物馆建于1939年，1968年迁到现址，由哥伦比亚国家银行——共和国银行负责经营管理。哥伦比亚政府当时建立这一博物馆是为了保护国家的文物，最初只有几个农民提供的14件展品，后来在各地群众的积极支持下，逐渐发展到如今的规模。博物馆内的金器展品分三类：第一类，反映宗教仪式的有各种姿态的善男信女，还有祭天时盛供品用的，各种器皿上面刻有鹿、鹰和蟾蜍等图案，蟾蜍被认为是智慧的化身，象征五谷丰登，儿孙满堂，家家都供奉蟾蜍。第二类，头、胸和腹部的装饰品，上面雕刻着人头像和飞禽走兽的图纹，都是求神拜天和喜庆节日时戴的。第三类是日用品，如鱼钩、盆、碗、碟和刀具。这些展品都是印第安人从公元前 2000 年到公元 16 世纪制作的，每件展品上的各种形象或图案，都有特定的含义。

该博物馆的二楼和三楼的展厅里展出西班牙人到来之前的各种精选黄金器物，这里是全球收藏黄金器物最多的地方。其他展品包括古代其他陶品、石头制品、贝壳制品，木制品和纺织品，这些由当地文化视为“神圣金属”制成的物品反映了生活在我们现在叫作哥伦比亚的不同部落在欧洲人到来之前的生活和思想。

镇馆之宝

黄金大厅

最珍贵的黄金饰物放在顶楼一间密室内。最引人注目的地方是博物馆的“黄金大厅”。这里陈列着数以百计的黄金珍品，大厅门口警卫森严。游览者必须分批进去，每批不得超过 20 人。人们刚迈进大厅时，厅内漆黑一片，伸手不见五指，突然间，灯火通明，只见眼前金光闪闪，如同阿里巴巴走进四十大盗的金银珍珠的宝库一般，令人眼花缭乱，目不暇接。厅内四周玻璃柜内各种黄金珍品琳琅满目。现代的观众更幸运，当你一走进大厅，大厅内就响起了优美悦耳的印第安音乐，在悠扬动人的乐曲声中，人们会疑惑自己是否进入了神话的“黄金世界”。

然而，这里的展品只是已经发掘出来的印第安人文物的很少一部分，许多珍贵的艺术品在几百年中几乎被西班牙等殖民者盗窃一空了。但是，就是从这些保存下来的金器，人们也可以看到哥伦比亚人民的聪明智慧和高超的艺术水平。在这里，黄金博物馆每天还放映两场介绍开采黄金的传奇故事影片，使游人莫不感到这里展出的每一种金光耀眼的黄金珍品，都浸透着哥伦比亚人民的血汗，都有着不同寻常的辛酸历史。

▲ 美国航天航空博物馆是目前世界上最大的宇宙航行博物馆。图为馆内保存的航天飞行器。

美国国家航空和航天博物馆
——美国

美国国家航空和航天博物馆是目前世界上最大的宇宙航行博物馆，馆内主要收集具有重要历史意义和尖端技术的飞机、宇航器、火箭、导弹等各种航天工具以及与重要航空史实有关的遗留物。

博物馆概况

坐落在华盛顿市独立大街上的美国国家航空和航天博物馆是目前世界上最大的宇宙航行博物馆。

该馆主要收藏反映美国航空航天史的飞机、发动机、火箭、登月车及著名航空员与宇航员用过的器物。展出各种飞机300多架、太空飞行器100多种、火箭和导弹50种、发动机400多台、螺旋桨350副及大量模型。

展品中有1783年孟特戈尔菲兄弟乘坐飞越巴黎上空的气球复制品，1896年成功起飞的第一架无人驾驶研究机，1903年由莱特兄弟用金属线木料手工特制的第一架飞机，1927年第一次横渡大西洋的航空家查尔斯·林白驾驶的圣路易斯精神号飞机，第二次世界大战中德国制造的第一枚V-2火箭，1957年苏联第一人造卫星备用星，1963年创飞行高度纪录以火箭发动机为动力的X-15型飞机，美国第一艘载人宇宙飞船友谊-7，飞近金星的水手-2，1969年美国发射的阿波罗-11飞船登月舱和3名宇航员乘坐的哥伦比亚指令舱以及自月球带回的岩石标本，1976年维京-1宇宙飞船拍摄的火星特写镜头。还展出了第一、第二两次世界大战中使用过的各种型号的军用战斗机、侦察机、轰炸机，以及民用航空飞机、直升机、小型私人飞机等。

所有这些实物都给人以身临其境的特殊感觉，难怪人们把美国的这个宇航博物馆称作人类宇航知识的一个最大宝库。

该馆建有一个400个座位的宽银幕立体电影厅，其银幕有5层楼高，宽33米，放映宇航科学影片。还有一个直径21米的环形空间馆，表演各种天象及宇航景象。

展厅展示

1957年，博物馆开始增添火箭和航天技术方面的展品，1966年起使用现在这个馆名。1972年由政府出钱，用4400万美元建成了博物馆的新大楼，又用1000万美元安装了博物馆的各种设备。1976年7月1日在美国成立两百周年之际，航空航天博物馆隆重开展。

博物馆的新馆长209米，宽69米，高26米，可同时容纳8000名左右的观众。第一、第二层有22个厅，第三层是图书馆，服务台和餐厅。博物馆的正面和两边均为玻璃大厅，显得晶莹剔透，轻巧明快。悬在大厅中的飞行器就如同正在空中飞行的一般栩栩如生。

火箭和宇宙飞行厅从介绍航天史开始，观众首先得知的是中国在13世纪即有火箭。大厅中还展出了19世纪英国人造出的火箭的样品。此外还有儒勒·凡尔纳的科幻小说中的主人公周游月球时乘坐的炮弹——“哥伦比亚”的模型。此厅还介绍了

20世纪俄国、美国和德国等国家的学者。录像《幻想与现实》把观众从早期科幻杂志和科幻电影片断带进了现代航天技术。人们可以了解到现代火箭和火箭发动机的工作原理。在大厅中央陈列着不同类型的火箭发动机，从最简单的飞机起飞用的火药发动机到离子发动机。宇航服是航天飞行必不可少的装备。大厅中介绍了从潜水服到科幻影片《2001年太空游记》中的航天学者服装的历史。

飞行里程碑大厅展示了人类如何一步步实现飞行的理想。这个大厅展出了航空航天史上各阶段的飞机和宇航设备。观众们常排着队耐心地等上半个小时，甚至更长的时间，以便摸一下大厅的一块真正的月球石。它是从宁静海采来的、三角形的40克火山玄武岩片。

宇宙厅，它展出了最大的火箭和宇航技术装置的样品，像一座多层楼房一样巨大的“天空实验室”。大厅中还展出了对接成一体的“阿波罗号”宇宙飞船和“联盟号”宇宙飞船。美国航天飞机的模型和安放在航天飞机货舱中的欧洲轨道实验室“太空实验室”的部分装置也陈列在此厅中。没有机会到基地去的人在此可以看见真正的火箭。其中有“婚神星号”和把美国第一个人造地球卫星送上太空的“先锋号”。和宇宙厅相连接的是位于玻璃大厅楼顶头的《研究月球的飞行器及设备》厅，那儿展出了20世纪60年代用于研究月球的无人驾驶的宇宙飞船“游骑兵”、“测量员”和“月球轨道站”的样品。和它们并排放置的是阿波罗飞船的月球舱。

◀ 美国国家航天航空博物馆内保存的各式各样的飞机。

要真正了解登月航行的过程，就要去参观介绍月球探险的“阿波罗”飞向月球大厅。从“阿波罗”飞向月球大厅下来，来到“从神话走向科学，漫游星际”大厅，此处介绍了宇宙概念形成的过程和宇航员在此认识过程中的作用。观众可以看到各种天文仪器，从古老的到现代的，以及在太空实验室中使用的天文望远镜。通过计算机技术可以亲眼看到银河的产生过程。

卫星厅中展出了各种卫星系统的工作原理，展出了1960年开始出现的气象卫星样品。观众在此还可观看到“地球资源卫星”所拍摄的地球资料片。

博物馆中的电影院和天文馆是参观的最后一站，电影院可容纳500名观众。天文馆大厅可容纳300人。博物馆还是个研究航空航天史的国家研究中心。它的图书馆中有3万本以上的书籍和期刊、上万份技术报告。它的档案馆中有上百万份的文件和没有实施的方案、制定宇航计划的参加者的回忆录、载人宇航飞行时的录音、美宇航局收集的大量的行星照片等，对培养航天学者有很大帮助。

航空航天博物馆开馆后成了美国首都的游览胜地，每年大约有1500万美国人和世界各地的旅游者来此参观，每个星期至少有8万人。

普利茅斯移民村
——美国

普利茅斯移民村已经有300多年的历史，比美国建国还要早100多年。因其在美国历史上具有非常重要的意义，被作为美国人的“寻根”之地，因此它被称为“美国的故乡”。

博物馆概况

在大西洋海边有一座典型的美国东部小城，一栋栋小房被漆成各种颜色，中间被草地花圃隔开，和摩登的闹市相比，这里的时光如同静止了一般。这就是“美国的故乡”——普利茅斯移民村。这座小城已有300多年的历史，比美国建国还要早100多年，所以人们称它为“美国的故乡”。

1620年9月16日，一艘叫“五月花”号的商船，载着102名乘客，从英国的普

▼ 普利茅斯移民村被称为“美国的故乡”。

利茅斯港出发，横渡大西洋，驶向遥远陌生的新大陆——北美洲。这些乘客中有工匠、契约奴和被迫害的清教徒，他们试图找到一个自由幸福的新世界。航行途中，他们战胜了险风恶浪和海盗的袭击，吃尽了千辛万苦，终于在1620年11月9日抵达现在美国马萨诸塞州的科德角。在一个适宜登陆的海湾，全体乘客上了岸，并决定在此定居。这个海湾也被乘客们定名为“普利茅斯”以纪念故国的港口。这些乘客就是北美洲的第一批移民。1627年他们建立了第一个移民村，用自己的汗水、智慧甚至生命，写下了美国独立前历史的第一章。

复原后的普利茅斯移民村，也叫1627年村，再现了350多年前第一个移民村的景观：20多间简陋的小木房稀疏地排列成菱形，伸向海边，木房周围，种着蔬菜、玉米。几个穿着古老的英国农民服装的男子正在用弓形的扁担挑水，用原始的农具耕作，用独轮手推车运输，白布裹着发髻穿着麻布长裙的妇女，用柳条和泥做成的烘炉在烤黑面包。林里的“民兵”手持火铳，按时操练，村民们在不断地建造房屋。走进一间小屋，可以看到屋中一角是一张石砌的矮床，另一角有一个火塘，屋顶被烟熏黑，屋梁上挂着干鱼、葱头、辣椒、南瓜等食物，一切都宛如当年。尤其是村民们那惟妙惟肖的表演，更使人如身临其境。比如他们说着詹姆士一世时期的英语，不知道世界上还有美国，还有独立战争、南北战争，不知道华盛顿、林肯，当然更不知道还有汽车、电视和计算机。这些逼真的表演把无数游客带回到300多年前的时光。

展示展厅

正因为普利茅斯在美国历史上具有非常重要的意义，因此1974年美国人把它复原重建，恢复了历史旧貌，再加上当年保留下来的一些遗迹，这里就成了一座别具一格的博物馆，作为美国人的“寻根”之地。这座别具一格的博物馆，包括“五月花”号船，1620年岩石和1627年移民村。

尽管“五月花”号是在1620年到达新大陆的，但普利茅斯种植园却将整个重演的时间设定在了1627年。因为在那一年，当地的殖民者按照英国政府的要求准备了一份详细的财产清单，而正是由于按照这份清单上所列出的生活物资以及当时一些日记，普利茅斯种植园才能生动翔实地还原当时的生活情景。房屋、服饰、农作物、锅碗瓢盆……甚至婚礼和葬礼，都几乎完全忠实于近400年前的一切，就好像时光倒转到了1627年。

离“五月花”号船不远的地方，有一个拱门式的石亭，里面是一块普通的椭圆形润滑光亮的大石头，它就是著名的1620年岩石。据说下了“五月花”号的第一批移民就是踏着这块石头上岸的。在这块著名岩石后面的坡地上，是移民们埋葬死者的地方。当时到达新大陆的移民们，在寒冷的冬天里饥寒交迫，近一半人死去了。死者的遗骨都被收集起来，安放在一座有花纹雕刻的大石棺里。他们生前乘“五月花”号共同航行，死后也长眠在一处。石棺的一面刻着死者的姓名，另一面刻着悼词：“在疲乏、痛苦、饥寒交迫之中，他们奠定了一个国家的基石……”在石棺附近，有一座站在花岗石上的印第安人的青铜像。这是移民们为了感谢当地印第安人的帮助而铸造的。因为当时活下来的移民在当地30多名印第安人的帮助下，慢慢学会了种玉米、荞麦，养牛、羊、猪和火鸡，经过几年的辛苦努力，1627年移民们终于建立起了第一个村庄。

每年的感恩节是普利茅斯种植园最热闹和繁忙的时段，游客们可以观看关于美国历史上第一顿感恩节晚餐的情景剧，还能够在此参观一个名为“感恩节：记忆、神话和含义”的精彩展览。游客们在每年的这个时候来普利茅斯种植园是怀着一种朝圣的心情，破解关于那段历史的误解。因为大多数美国人把感恩节想象成一个维多利亚时代的假日，而历史上真实的第一次感恩节却并非如此。

“感恩节：记忆、神话和含义”展览便是从现代感恩节风俗出发，一路追溯到最初的感恩节风貌，其中的重中之重便是感恩节最初的由来：清教徒们和万帕诺亚格人在此一起度过了长达三天的丰收庆典。与今天的感恩节时要敞开肚皮、饱食美酒佳肴“感恩”一番的习俗相反，17世纪时庆祝感恩节的方式是“禁食”。尽管如此，普利茅斯种植园可不会让游客像在17世纪时那样饿肚子了，而是会按照现代习俗提供各种原汁原味的感恩节特色食物。

◀ 传说人们是乘坐名叫“五月花”的商船到达北美洲的。图为人们参照历史资料所制作的“五月花”商船。

▲ 墨西哥人类学博物馆新馆。

墨西哥人类学博物馆
——墨西哥

墨西哥人类学博物馆为我们展示了人类的真正的起源和发展的全貌，馆内藏品不仅反映了墨西哥，也反映了整个美洲早期文明的进程，向世界展示了美洲人民辉煌的历史。

博物馆概况

中国古老的神话这样流传道：在遥远的年代里，女娲忽然从梦中惊醒，她觉得百无聊赖，就随意走到海边，跪下一足掬起一把带水的软泥，接着就顺手用泥捏了几个和自己差不多的小东西出来。那小东西会对她笑，还围着她又叫又跳，女娲好高兴，有一种初为人母的喜悦，于是继续做直到腰腿酸疼。疲倦了的女娲不耐烦起来，焦躁地信手一拉，拔起一株从山上长到天边的紫藤，再一摆手，那紫藤便落在泥水里，溅出许多拌着水的泥土来，待落到地上也便变成了同先前一般的小东西，只是笨拙点。正如我们所知道的一样，这些小东西便是最初的人类，只不过先做的高贵些，后来做出的低贱些而已。不仅在中国神话中人类的起源如此，世界上一些国家也大抵相同，虽然现在我们明白这纯属后人的臆想。

建筑在墨西哥城的人类学博物馆清晰地为我们展示了人类的真正的起源和发展的全貌。墨西哥国家人类学博物馆，是世界著名的博物馆之一，坐落在墨西哥城查普尔特佩克公园内，占地 12.5 万平方米，建筑面积 4.4 万平方米，中庭和露天展品利用面积 3.6 万平方米。

博物馆的建筑融印第安传统风格与现代艺术为一体，充分表现出墨西哥人民深厚的文化内涵。博物馆的基本结构类似北京的四合院，东西略长，南北较短。大门口的墙壁以雕有各种图案及人像的巨石砌成。

墨西哥人类学博物馆的建立始于“太阳历石”的发现与保存。“太阳历石”是阿兹特克人的崇拜物。1520 年，西班牙人在蹂躏阿兹特克人首都时，将此崇拜物埋于地下。直到 1790 年，太阳历石又被发现。人们把它从地下挖掘出来，当作珍贵的历史文化遗产加以保存和研究，墨西哥博物馆的活动由此展开。

1865 年，在法国拿破仑三世的援助下，统治墨西哥的马克西米里安·约瑟夫皇帝指定隔摩涅达大道上与今日首都的国家宫殿北侧相对的建筑物为国家博物馆。第二次世界大战以后，随着藏品的不断丰富，原有的旧馆已经不能满足储存藏品的需要，于是在罗培斯·马特奥斯任墨西哥总统时，设计建造了新的人类学博物馆，于 1964 年 9 月落成开放。

墨西哥人类学博物馆以它独特的富有魅力的藏品在世界博物馆界独树一帜。它的藏品不仅反映了墨西哥，也反映了整个美洲早期文明的进程，第一次向世界人民展示了美洲人民辉煌的历史。参观了这种著名的博物馆，人们惊叹古代美洲人卓越成就的同时，就会抛却长期形成的历史偏见。你会认识到，印第安人并非如西班牙入侵者所描绘的那样是一个野蛮、未开化的民族，而是一个曾经辉煌一时的民族，他们对世界文明的发展也起到了重要的推动作用。

展厅展示

博物馆大门口，有一座用整块大石雕成的“雨神”，它高 8.5 米，重 168 吨；院中还立有一根图腾大铜柱，柱上有一个巨大蘑菇顶，顶上蓄水，向四面喷洒，像一个“雨泉”。都寓意古代墨西哥人所渴望的水，强调水在推动墨西哥文化发展中的作用。

博物馆分两层。第一层有12个陈列室，统称“古代文化遗产”。陈列人类学、墨西哥文化起源，以及欧洲人来此之前墨西哥各族居民的文化和生活实物，系统介绍德奥蒂化坎、托尔特卡、墨西卡、瓦哈卡、墨西哥湾、玛雅、北部和西部8种墨西哥印第安文化。第二层10个陈列室，展出印第安人的服饰、房屋式样、生活用具、宗教仪器、乐器、武器等，统称“现代印第安人的生活”。全馆参观路线总长5千米。

“古代文化遗产”的12个陈列室，是4000年来古代印第安各族人民留下的文化遗产的一个缩影。3500 ~ 4000年前，墨西哥中南部开始出现以种植玉米为主的定居村落，同时出现了以制造陶器、陶俑、碑石为主的初期宗教文化艺术，这些，通过大量出土实物标本加以佐证。

繁荣于2300 ~ 3200年前的奥尔美加文化的象征作品是“巨石头像”，这里陈列着一个出自圣罗林索遗址的巨石头像，高2.28米，重达30吨，玄武岩质，鼻低唇厚，具有非洲黑人特征。

▼ 墨西哥人类学博物馆内保存的古老艺术品。

2000年前，墨西哥进入了神殿与都市的繁荣时期。当年墨西哥城北50千米的德奥蒂化坎都市遗址复原模型，包括太阳金字塔、月亮金字塔、水神殿以及其他宗教建筑，反映了当时的文化特征。

古典玛雅文化的全盛时期是在公元150年以后，公元700年到800年之间达到鼎盛阶段，公元900年后突然绝迹了。它的起源、形成和突然销声匿迹，迄今都是一个谜。这里有一个反映玛雅文化的第9陈列室，展出了雕刻精细、富有立体感的石碑石雕；形式多样、结构复杂的各种神殿；久负盛名的库库尔岗石像、绚丽多彩的波南巴克壁画以及各种类型的陶俑、陶器，美不胜收。尤其是按照实体大小复原布置的帕兰凯王墓，宽 4 米、长 9 米、高 7 米，墓室的雄伟、墓盖深雕的精美，翡翠面具及饰物的豪华，把玛雅文化展示得更加突出。

“现代印第安人的生活”，表现了作为玛雅和阿兹特克的后裔而生存下来的印第安人的生活，虽然他们在墨西哥沙漠地带或原始森林中过着严峻的日子，但还保持着他们的民族特色。展品色调鲜艳，丰富多彩，给人以深刻印象。目前，在墨西哥居民中约有 700 万印第安人，分属 82 个不同部族，使用 56 种语言。

镇馆之宝

日历石

墨西哥原是一支游牧部族，生活在阿兹特兰或阿兹卡蒂特拉一带，即墨西哥的西北部。这个地方也曾被称作奇科莫兹托克，意为七个洞穴。据史料记载，大约在 14 世纪时，这支部族因见到当地一只鹰站在仙人掌上啄食一条蛇，认为是祖先首领曾预言的地方，便决定在此建都，取名特诺契蒂特兰，意即出水之石。后来，墨西哥的国徽也采用这个鹰吃蛇的图案；阿兹特克的艺术题材始终离不开蛇、鹰、仙人掌等形象。阿兹特克人的造型艺术继承着托尔特克和玛雅的传统，在建筑与雕刻方面有极高的水平，尤其它的雕刻，含义十分神秘，好像不是仅为了观赏目的。一些雕刻品作为礼仪用品，雕刻上面的符号只有主持仪式的祭司或神职人员才能解读。这一块阿兹特克日历石就是此类雕塑品之一。

日历石原来被平放在一座鹰像前的台座上面。雕刻的一面朝上，作为太阳神的图腾来崇拜。日历石为正圆形，直径有 360 厘米，重约 24 吨。其中央的形象即是太阳神托纳提乌的面部；周围刻着阿兹特克的历法和用以解释宇宙的各种符号与图案。阿兹特克人的天文观是 : 宇宙已渡过了 4 个周期，每一周期都有一个太阳。现在 4 个太阳已先后消失了，在这块日历石圆盘中央所刻的，乃是第五个太阳。在它上下左右各刻着已经不存在的 4 个太阳，圆盘的四周刻着历法的符号。沿四周与太阳光射线相接的环形，则是一个月 20 天的图画文字。并由两条大蛇构成的环状图案作外围，蛇的头部在下端。历石的边缘刻有星星和燧石，表示白昼、阳光和天空的图案。

这块太阳历石在西班牙殖民统治时期，被埋在墨西哥市大广场的地下。1790 年才被发掘出来，现被收藏在墨西哥人类学博物馆里，悬挂在一堵墙上。1977 年，墨西哥考古学家们在当地又发掘出一块与此日历石相呼应的月亮女神石雕，也是圆盘形的，重约10吨，直径有3米多。两块圆盘雕石大小稍异，只有这一块月亮女神石上的女神形象头手已分离，肢体也已破碎不堪。1957年，墨西哥考古学家鲁兹在研究这种雕石艺术时指出：阿兹特克艺术反映了对人类斗争无尽止性的认识。他们认为，人的死亡乃是生命的延续，因死亡起源于生命的本能。古代阿兹特克人对宇宙无尽休的轮回观，正是我们理解这种太阳历石雕艺术的最好凭据。

第三章

非 洲 卷

这里有世界最古老的文化，这里有世界最灿烂、辉煌的古文明，这里的一切总能触动人们心中的那根最古老的心弦，让人静静聆听岁月的回响。非洲的博物馆总是连接着远古，将人类的思绪引向那遥远的岁月。

埃及国家考古博物馆
——埃及

埃及国家考古博物馆是世界上最著名、规模最大的古埃及文物博物馆。其藏品以展示灿烂丰富的古埃及文明为主，是埃及文化的永恒象征。

博物馆概况

埃及国家博物馆位于开罗市中心，这里景色宜人，尼罗河在开罗市中心横穿而过。埃及博物馆是一座古老而豪华的双层石头建筑物，是由被埃及人称为“埃及博物馆之父”的法国著名考古学家马里埃特于1858年在开罗北部的布拉克设计建筑的。当时建造这座博物馆的目的是为了阻止发掘出来的埃及国宝流往国外。这个博物馆后

▼ 埃及国家考古博物馆。

又曾两次搬迁，1902年迁至开罗新馆。

博物馆分为两层，包括100余个展厅和一个大型图书馆。博物馆入口的设计融入了古埃及艺术的特征：大门的外廓是一个圆形拱门，拱门两侧的壁龛中各有一个将法老形象欧式化的浮雕，其中一个持有纸莎草，另一个持有莲花，分别象征古代埃及的南北方。博物馆的花园中，摆放着许多著名埃及学者的塑像以及斯芬克斯像、方尖碑、石刻等室外展品。

2002年在埃及国家博物馆迎来100周年诞辰之际，埃及政府宣布：计划在首都开罗附近著名的吉萨大金字塔附近建造一座珍藏埃及古文明文物的现代化"大埃及博物馆"，并公开向海内外征集设计方案。埃及希望"大埃及博物馆"成为埃及文化的永恒象征，展示灿烂丰富的古埃及文明。2003年，代表爱尔兰参选的华裔建筑师谢福林提交的设计方案以其简洁明快、寓传统于现代的设计理念获得金奖。

展厅展示

博物馆第一部分以法老雕像为主展示埃及古代历史画卷。公元前5000年左右，尼罗河流域便有埃及人居住，过着农耕生活，大约公元前3600年，形成不少都市，这时埃及进入前王朝时代。这一时代的一些代表性遗物为陶器、调色板和一些壁画，博物馆中陈列有描绘着动物和船只的"耶拉孔城出土的壁画"，表示征战的"凯旋的调色板"等。公元前3100年尼罗河流域统一到第六王朝的时期称埃及"古王国时期"，又称"金字塔时期"，这时的法老雕像以于沙卡拉金字塔的祭殿附近发现的"卓瑟王坐像"及耶拉孔城出土的"沛比一世和王子梅连拉雕像"为代表。其中有一座"开罗的书记像"具有相当高的水平，雕像写实逼真，反映了当时雕刻的高超技艺。反映埃及"中王国时代"的雕像，博物馆中陈列着"孟图赫特普二世"的坐像，他头顶红冠，身着白袍，神色刚毅，一副统治天下的优越感。另外，还有"行进中的士兵"群像，反映了当时的动荡之虞。

在新王朝时期，博物馆中展示有吐特摩斯三世当年的英姿。最让人流连忘返的是"黄金面罩"和"金制人形棺"，十八王朝图坦卡蒙的人形棺，用厚约3厘米的金板打造而成，上面用红宝石、青金石、彩色玻璃等进行装饰，相当富丽堂皇，显示了当年国王的尊贵和奢侈。

博物馆第二部分主要展示大量的古埃及石棺、木乃伊、陪葬品等，阐释古埃及

▲ 残疾人丈夫和妻子的全家福雕塑，是博物馆内相当著名的雕塑。

人的来世哲学。他们认为，人死后只要保持肉体不腐，就能使人复活再生。因此，他们制造坚固的坟墓，广泛制作木乃伊，以待游荡的灵魂再次进入。在博物馆中，陈列着许多石棺，有阿斯特姆卡布的石棺、古天昂克的石棺、矮人杰克尔的石棺等。在埃及人的心目中，石棺是相当重要的，它直接用于保护身体。因而石棺特别讲究，有长方形、弧形及人形，有些石棺造型精致，饰有各种精美石刻，石棺内部，涂以油彩画，描绘死者在冥世的活动。另外，还有一些陶制的偶人作为随葬品。博物馆中所藏的“戴头巾的和戴假发的陪葬人俑”，雕刻生动、逼真、写实，表现了古代雕刻家功底的深厚和对生活的深刻体察。

第三部分主要展示埃及艺术品。在埃及古风时期，雕像有着特有的古拙气息，并且有一定的规范，使人感到沉闷和压抑。博物馆中展示的“泰伊夫妇”、“王妃伊希斯”等石雕像，体现了这一风格。到埃及十八王朝阿克那吞王时代，艺术风格有了某些变化，发展了一种自然主义和写实主义的艺术风格，这种风格叫“阿玛纳风格”。陈列室中展出的阿克那吞王的雕像一反其他雕像的威严夸张之势，表现了普通人的平常状态。另外，反映平民生活的木雕更为写实和活泼，具有浓郁的生活气息。

古埃及艺术的另外两种表现形式是浮雕和纸草图卷。纸草图卷主要以《生死书》为主。浮雕则表现了多种社会活动的场景，如“跳舞的人群”、“惩罚敌人的孟图赫特普二世”、“梳头的王妃”、“打斗的男人”等。博物馆的第四部分主要描述古埃及平民的生活状况，它展示的一系列出土物品，生动地反映了当时平民的辛苦劳作和为社会创造财富的情景。如一组纺纱与织布的模型中，有的人在捡麻，有的人在缠麻，有的在织麻，俨然一个小型的手工业作坊。还有反映社会生活各方面的物品，如供奉死者的鹅鸭、水果等，由于古埃及特殊的气象条件，这些生动的样本均保留至今，使我们对当时的食物有所了解。埃及古墓中还出土了其他许多地区极难保存的东西，如工具，有水平器、定规、垂直定规、梯子，以及笔、羽毛笔、木制调色板、墨盒和墨绳等文具，其他还有竖琴、七弦琴、五弦琴等乐器，反映了当时人们丰富多彩的生活和一定的科技水平。

镇馆之宝

图坦卡蒙的黄金面具

图坦卡蒙的黄金面具和金字塔一样，成为古埃及历史和文化的象征；黄金面具图案成了埃及旅游标志，被镌刻在 1 元面值的埃镑硬币背面；作为开罗埃及博物馆的镇馆之宝，黄金面具被摆在了馆中最显要的位置。

它高约 54 厘米，宽约 40 厘米，重约 10.23 公斤，眼镜蛇和秃鹰徽章位于前额的中间位置；面具上镶饰着各种宝石和玻璃，眼睛由石英和黑曜石（一种像玻璃的石头）制成，眉毛和眼圈则是上好的透明蓝玉；面具下颌处垂着的胡须，象征着古埃及神话中的冥神奥西里斯。人们似乎已经习惯通过这个标致而完美的黄金面具想象法老图坦卡蒙的面容和气质。

▶ 图坦卡蒙黄金面具和金字塔一样，成为古埃及历史和文化的象征。

▲ 贝宁城中有许多红土建筑，贝宁国立博物馆大门入口也是采用的这种红土建筑。

贝宁国立博物馆
——尼日利亚

贝宁国立博物馆是非洲著名博物馆，该馆主要收藏有代表古代贝宁王国文化的青铜雕像、象牙雕刻、陶塑像以及反映古代贝宁王国生活的各种器具和出土文物等。

博物馆概况

贝宁国立博物馆是非洲著名博物馆，位于尼日利亚的贝宁城中心的国王广场。博物馆起源于公元9世纪，那时候贝宁城曾经是古代西非强大的贝宁王国的京城，是当时非洲发达的经济和文化中心，前后持续800年时间。贝宁王国是中世纪的一个非洲人王国。著名的非洲古老文化之一的贝宁文化便产生在这里。代表贝宁文化的青铜雕刻造型完美，栩栩如生。

从公元13世纪起，贝宁的青铜雕刻变成了一种宫廷艺术。当时的作品开始出现在贝宁城的宫廷梁柱上，有小雕像、人头雕像和浮雕等，以后逐渐用来装饰宫殿大厅和回廊。贝宁文化在世界文化史上享有很高的地位，有人认为可以同意大利文艺复兴时期的青铜艺术品相媲美。贝宁文化的杰出代表除青铜雕刻外，还有象牙雕刻、木雕等。贝宁城还以传统的铜器制造业而闻名，其原因是公元 15 世纪同欧洲的贸易往来频繁，不断从欧洲进口金属。1897 年，英国殖民者入侵这里，城市遭到很大破坏。尼日利亚独立以来，贝宁城得到恢复和发展，现在是本代尔州首府、尼日利亚南部工商业和文化中心之一，但依然保留着浓厚的历史古城风貌。

博物馆建筑风格独特，高大的宫殿和众多的宝塔组成和谐的建筑群体。宫殿大厅的梁柱和回廊上装饰有青铜雕像和浮雕，其内容多为描述战争场面和狩猎情景。宫内还有圣殿和神龛等。那些宝塔的顶端有大鹏展翅状的青铜制品。四周以红色围墙环绕，围墙上有众多的浮雕，其内容为描绘重大的历史事件，精雕细刻的人物形象逼真。大门采用橡木板镶嵌而成，庄严高大，坚固实用。贝宁博物馆已成为古代贝宁王国的重要遗址，具有极高的历史文化价值。

贝宁博物馆四周郊区森林密布，郁郁葱葱，空气清新，环境幽静，景色秀丽。距市郊 6 千米处的奥格巴动物园，坐落在一片原始森林中。园内饲养着本地和非洲特有的 400 多种野生动物。这里被辟为原始森林保护区，生长着非洲特有黑檀木、桃花心木、黄梨木、铁木等热带名贵树木，保持着原始森林的风貌。

博物馆收藏

贝宁博物馆收藏着大量代表西非古国贝宁文化的青铜雕像和象牙雕刻，如 9 世纪至 10 世纪的青铜器皿。除此之外，陶雕、祭器、乐器以及反映古代贝宁王国生活的铸铁器件和其他出土文物等也为数不少。其中最古老的文物距今已有 2000 多年的历史，如公元前 500 年—前 200 年的赤胸人物头像。

该馆主要收藏有代表古代贝宁王国文化的青铜雕像、象牙雕刻、陶塑像以及反映古代贝宁王国生活的各种器具和出土文物等。其中，14—19 世纪的青铜雕像、青铜饰板具有很高的艺术水平。展出有奥巴王宫建筑构件、贝宁王宫祖庙模型、祭礼用豹形黄铜水壶、木制祭坛、占卜用具、头饰、乐器、木制容器等，展示了贝宁王国的历史和传统文化。

1897 年英国殖民主义者侵入贝宁城时，曾将两千多件古代贝宁的艺术精品掠走。现在，该馆积极搜集藏品，充实馆藏，还从国外购回青铜国王头像、刻有武士和侍从形象的青铜徽章、象牙钟等。

镇馆之宝

王太后头像

王太后的头像这一复杂的自然主义人物头像用“失蜡铸造”的技法制成。造型概括简练，安详中不乏威严。作品曾被放置于祭坛，供朝奉拜祭用。相传这座祭坛是奥巴埃西为了纪念他已故年轻母亲第雅而设立的。王太后头像表现出一种高贵威严之感，凝视的目光和紧闭的嘴唇揭示出丰富的精神世界。年轻妇女的头上，点缀着典型的尖顶帽形状的网饰，是作为统治者权贵的标志。颈上饰有无数串珠子，也是一种高贵的象征。

▼ 王太后头像上点缀的尖顶帽形状的网饰，是统治者权贵的标志。

第四章

亚 洲 卷

这里的古老可与非洲媲美，这里的现代可与欧洲并肩。从亚洲的著名博物馆中，你可感受到亚洲国家曾经有过的辉煌历程，感受到亚洲国家曾经经历过的屈辱历史，更可感受到它们的奋进不息、不断进取。

北京故宫博物院
——中国

故宫博物院是在明朝、清朝两代皇宫及其收藏的基础上建立起来的中国综合性博物馆，是中国最大的古代文化艺术博物馆，其文物收藏主要来源于清代宫中旧藏。

博物馆概况

故宫为中国明、清两代（1368— 1911 年）的皇宫，又称“紫禁城”。1911 年辛亥革命胜利后，清王朝政府宣布退位，根据当时临时革命政府对清皇室的优待条件，逊帝溥仪仍居紫禁城后部的“内廷”。前半部的“外朝”于 1914 年将沈阳故宫、承德避暑山庄的文物移来，成立了古物陈列所。1924 年冯玉祥发动“北京政变”，组织摄政内阁，修改对清皇室优待条件，将溥仪逐出宫禁，同时成立了“办理清室善后委员会”，负责清理清皇室公、私财产及处理一切善后事宜。1925 年 10 月 10 日建立故宫博物院。故宫博物院是中国最大的古代文化艺术博物馆，全国重点文物保护单位，世界著名的旅游胜地。

故宫博物院迄今收藏文物 90 多万件，可分为两大类：一类为清代宫中的历史文物和奇珍异宝，另一类为历代文化艺术作品，包括名画、书法、碑刻、碑帖、印玺、瓷器、雕刻、玉器、漆器、珐琅器、金银器、丝织刺绣品、文房四宝，以及商周战国时期的青铜器和外国钟表等。

▼ 故宫博物院是中国最大的古代文化艺术博物馆，全国重点文物保护单位，世界著名的旅游胜地。

▲ 故宫博物馆为明清两代的皇宫，其文物主要源于清代宫中旧藏。图为乾清宫正殿。

故宫博物院图书馆，是以清代皇室藏书为基础建立起来的文物博物馆专业性图书馆。抗日战争时作为“古物南迁”的善本、珍本图书有 1334 箱总计 157602 册又 693 页，其后被运至台湾。1949 年以后，不断购进和接受私人捐赠图书，现有藏书 50 余万册。古籍图书有清内府刻本（殿本）、抄本、明、清坊刻、家刻本等珍贵版本。内容以史志、天算、金石、书画、佛经和历代诸家文集为主。除大量汉文书籍外，还有一批满、蒙、藏、回文书籍。其藏书是中国现存古籍图书中的重要组成部分。

自建院以后，故宫博物院在清点整理的基础上，即着手编辑、印刷院藏各种文物图录和图书档案资料，出版的定期刊物有《故宫周刊》、《故宫旬刊》、《史料旬刊》等。1949 年以后，编辑出版的大型图录、集册有《故宫博物院藏历代名画集》、《故宫博物院藏历代法书选集》、《故宫博物院藏瓷选集》、《故宫博物院藏工艺美术品》、《紫禁城宫殿》、《国宝》、《清代宫廷生活》等多种。出版刊物有季刊《故宫博物院院刊》、双月刊《紫禁城》。1983 年成立了紫禁城出版社，专门负责编辑出版任务。

故宫博物院同时也是一个文物博物馆学术研究单位。根据 1928 年《故宫博物院组织法》规定，“故宫博物院因学术上之必要，得设各种专门委员会”。1929 年组织了院内外有关专家、学者，成立了文物专门委员会，对院藏文物进行了初步评审和鉴定。1949 年以后，曾多次组织院内外专家、学者对院藏各种文物重新进行鉴定，并根据其历史和艺术价值的高低，划定和区分其等级，在此基础上进一步开展对文物、建筑、园林、古籍、宫廷历史及博物馆学的研究。1953 年成立了学术委员会。

博物馆收藏

故宫博物院有“历代艺术”、“绘画”、“青铜器”、“陶瓷”、“珍宝”、“钟表”、“玩具”、“铭刻”、“文房四宝”、“清代典章文物”、“清代戏剧文物”等专馆。“历代艺术馆”展出自原始社会至清末艺术珍品 1600 多件。这里有 6000 年前的玉石器和彩陶，5000 年前的黑陶和白陶，商周的青铜器珍品，战国的玉器和彩绘漆器，秦兵马俑，汉代壁画、画像砖、画像石，三国两晋南北朝的雕刻、书画和佛教造像，隋唐的绘画名作《游春图》及《步辇图》（摹本），唐三彩及金银器精品和唐代“大圣遗音”、“九霄环佩”两琴，五代至南宋的宫廷绘画代表作，宋的名窑瓷，元的文人画和宗教雕刻，明代的瓷器和文房四宝以及主要流派的书法、绘画代表作品，清代的瓷器、雕塑和珐琅器。

“绘画馆”轮流展出院藏古代书法、绘画珍品。其中有晋陆机《平复帖》，是传世最早的名家书法墨迹；晋顾恺之《洛神赋图》、《列女图》（宋摹本），是传世最早的名家绘画作品；隋展子虔《游春图》、唐阎立本《步辇图》、唐韩滉《五牛图》、宋郭熙《窠石平远图》、宋李公麟《临韦偃放牧图》、宋张择端《清明上河图》等名作，以及唐宋以来诸名家如颜真卿、柳公权、欧阳询、苏轼、黄庭坚、米芾等人的书画真迹。

“青铜器馆”展出商代到战国时期的青铜器代表作。其中有商朝的鼎、尊、觥、爵、角等器物，西周的带有长篇铭文、精致纹饰的青铜器，春秋战国时期的“鲁大司徒鼎”、“楚王鼎”以及各种铜镜、铜币、铜印玺等。

“陶瓷馆”展出有 6000 年前黄河流域的彩陶，5000 年前山东地区的黑陶，4000 年前商代的原始瓷器以及东汉时期的青瓷；有隋唐至宋元时期的河北邢窑制品、“三彩釉”、“釉下彩”；有明代“鲜红釉”、“宝石红釉”、“淡黄釉”、“孔雀绿釉”、“斗彩”、“五彩”及清“珐琅彩”。

“珍宝馆”展出有金、银、玉石、玛瑙、水晶制工艺品及餐具、茶具、酒具和礼品。

乾隆年间制造的一套16枚金编钟，共用黄金13500两。乾隆为收存他母亲梳落的头发而制作的一件金发塔，高1米多，用黄金4400两，塔座及塔身镶满了宝石。还有一件“大禹治水玉山”，有几千千克重，玉料采自新疆，用4年时间才转运、雕琢完成。

“钟表馆”展出清宫所藏国内外生产的古代及近代钟表，用料贵重，装饰华丽，设计精巧。有的形体高大，紧发条要踏梯上钟楼；有的到时门扉开启，偶人缓缓出场；有的到时琴鼓齐鸣，奏出优雅美妙的音乐；有的或作花束间旋转，或流水淙淙，或小鸟枝头歌唱，或雄鸡引颈啼鸣，甚至还有一个机器人能写工整的汉字。

这些馆里陈列的展品，仅占收藏总数的百分之几，但已是洋洋大观了。在故宫的太和殿、中和殿、保和殿、乾清宫、交泰殿、坤宁宫、养心殿、储秀宫、长寿宫等殿堂里，则是按清代宫廷的原样作原状陈列。

镇馆之宝

《清明上河图》

《清明上河图》是北宋风俗画作品，也是中国十大传世名画之一。宽24.8厘米，长528.7厘米，绢本设色，是北宋画家张择端存世仅见的一幅精品，属一级国宝。《清明上河图》生动地记录了中国12世纪城市生活的面貌，这在中国乃至世界绘画史上都是独一无二的。

作品以长卷形式，采用散点透视的构图法，将繁杂的景物纳入统一而富于变化的画卷中，画中主要分开两部分，一部分是农村，另一部分是市集。画中有814人，牲畜83匹，船只29艘，房屋楼宇30多栋，车13辆，轿14顶，桥17座，树木约

▼《清明上河图》是北宋风俗画作品，也是中国十大传世名画之一。

180 棵，往来衣着不同，神情各异，栩栩如生，其间还穿插各种活动，注重情节，构图疏密有致，富有节奏感和韵律的变化，笔墨章法都很巧妙，颇见功底。

金嵌珠宝金瓯永固杯

此杯高 12.5cm，口径 8cm，足高 5cm，制造于清代乾隆年间（1739 年），是当朝皇帝在大年初一举办庆典上使用的酒杯。夔龙状鼎耳，象鼻状鼎足，杯体满錾宝相花，并以珍珠、红宝石为花心。杯体一面錾刻“金瓯永固”四字。该杯一直被清代皇帝视为珍贵的祖传法宝。

清乾隆黑漆彩绘楼阁群仙祝寿钟

此钟造型为木胎黑漆彩绘二层楼阁。一层正中为双针时钟，写有“乾隆年制”的钟盘上饰以造办处特有的黄色珐琅。钟盘上的 5 个上弦孔分别控制 5 种功能：走时、报时、报刻、开关门、打乐。钟盘的左右两侧为变动的布景箱，左边景箱的表演主题是“海屋添筹”，右边景箱的表演主题为“群仙祝寿”。二层为 3 间房屋，内各有一报时人。每逢 3、6、9、12 时，房门开启，3 人手执钟碗缓步出门，站定后，左边的人敲钟碗发出“叮”声，右边的人敲钟碗发出“当”声，“叮当”声响一次报一刻钟，响两次报两刻，依次类推，报完四刻后，中间的人敲钟碗报时。报时刻完毕，乐曲声起，景箱内的活动装置开始运作。左景箱内重峦叠嶂间有仙鹤傲立，架着祥云的仙人缓缓升腾，云海中一座琼楼陡然浮起。右景箱内扶杖的寿星正依次接受八仙敬献的宝物。乐止，报时刻人退回门内，楼门关闭，景箱内各活动装置复位。

此钟共有 7 套机械系统，分别控制走时、报时、景箱内的活动装置等，具有相当高的技术水准。乾隆年间，造办处做钟处汇集了一批具有专业知识的西洋钟表匠和机械师，此钟即可体现他们的水平。

◀ 故宫博物院内收藏的钟表用料贵重、装饰华丽、设计精巧。

▲ 秦始皇兵马俑博物馆被世人赞誉为“世界第八奇迹”、“世界最雄伟的地下军事博物馆”。

秦始皇兵马俑博物馆
——中国

秦始皇兵马俑博物馆被誉为“世界最雄伟的地下军事博物馆”，馆内的秦兵马俑以其巨大的规模，威武的场面，和高超的科学、艺术水平，使中外旅游者为之惊叹。

博物馆概况

中国陕西省临潼县城东 7.5 千米，有一个被世人赞誉为“世界第八奇迹”、“世界最雄伟的地下军事博物馆”的中国秦始皇兵马俑博物馆。它吸引着中外旅游者，也吸引了几十位国家元首和政府首脑的到访。秦始皇兵马俑坑的浩荡气势，显示了秦始皇统一中国以后，作为一个中央集权的大帝国，其国势的强盛，经济的发达，文化艺术的繁荣。

秦始皇兵马俑博物馆是中国遗址性博物馆。建在秦始皇帝陵的兵马俑坑遗址上。1974 年 3 月，临潼县骊山镇西杨村农民，在陵东 1.5 千米的地方打井时，发现几个破碎的用泥土烧制的与真人一样大小的陶俑，经陕西省考古队勘探和试掘，发现秦始皇时代的大型兵马俑坑3个，总面积2078平方米。

遗址博物馆1975年筹建，在一号坑上建起拱形展览大厅，于1979年10月1日落成开放。三号坑展览大厅于1987年5月兴建，1989年9月27日落成开放。

展示展厅

秦始皇兵马俑博物馆占地13.3万多平方米，以三个坑为中心进行博物馆的配套建筑。建在一号坑上的保护性展览大厅，建筑面积1.6万多平方米，南北72米，东西230米，建筑高大宏伟。

三座坑共8000多陶兵马俑，组成了秦始皇时气势宏大的军阵排列。一号坑是它的主体，6000多件兵马俑呈长方形列阵，前面是三排210个武士组成的前锋，后面则是步兵、马和战士相间组成的38路纵队，其两侧及后面各有一列武士向内而立，可能是护卫。陶俑、陶马与真人真马的比例、大小都很接近；它们不同的装束和军阵中的位置，显示了各自的等级和兵种。有将军、有中下级军官，大量的是兵卒；除步兵俑外，还有不同装束、姿势各异的骑兵俑、驭手俑、车士俑、铠甲俑、战袍俑、立射俑、跪射俑等。陶俑的制作十分精美，古代雕塑家们运用高超的技艺，塑造了古代秦军将士们不同的表情和内在的性格。将军的神态威武庄重，士兵们有的机敏和悦，有的凶悍勇猛，面部造型有的还显示了西北少数民族的特征。出土的陶马昂首挺立，四蹄矫健，结构严谨，与威武的将士相配合，使人感到了昔日秦军的赫赫声威。

二号坑面积6000平方米，此坑由步兵、骑兵、车兵组成，共约有陶俑、陶马千余件。

◀ 将军俑的神态威武庄重。

三号坑较小，仅520平方米，可能是整个军阵中的指挥部。

陈列室里展出了出土的万余件金属兵器中的一部分，大多为青铜制造，有剑、戈、戟、钺、殳、吴钩、弩机、箭镞等。其中吴钩和钺是首次发现，填补了古兵器的空白。出土的青铜剑，埋在地下2000多年，至今仍不锈不蚀，闪闪发光。经电子探针等分析，其表面有一层10 ~ 15微米的含铬化合物的氧化层，具有很强的抗锈蚀功能。这种工艺在欧美各国的使用，只不过是近几十年的事，而中国却早在2000年前就已掌握，可以说是冶金史上的一大奇迹。

博物馆还设有一个特展室，即著名的秦陵铜车马馆。这是1980年冬在秦始皇陵西侧，发掘出土的两乘秦代大型彩绘铜马车，其大小相当于真车的一半，均为双轮、单辕，前驾四匹铜马，车上各有铜御官俑1件。车马鞍具齐全，与真车马无异。其中二号车的全部零件有3462件，包括金制零件737件，银制零件983件。铜车素雅的色彩，与金银饰件相配，十分精致华贵。这乘铜车长3.17米，高1.06米，辕长2.46米。车舆分成前后两室，前室小，后室大，中间有挡板相隔，有一个很精巧的前后相通的窗户。车的上边，罩有一个大篷盖，使车室形成一个轿状的长方形大密闭室，车身左右都有小窗户，从车内可以看到车外，而从车外却很难看清车内。在车篷盖里和前后的箱板、车外下层、门扉内外等都有非常美丽的纹饰。经过修复，现在用机械联结的链条，仍非常灵活，车的窗门，仍可启闭自如；带动轮轴，仍可自由运行，不能不令人拍手叫绝。四匹铜马的装饰也十分讲究，马鬃刷齐，中部剪有一朵“鬃花”，颈项都悬挂璎珞，呈穗状，左骖马和右骖马颈上还套有金银项圈。另外，四匹马的脸上各饰有金当卢一件，这是马的装饰品。这辆运用铸、焊、铆、镶嵌、错磨等多种工艺手段制造的古代马车，显示了极高的技艺水平，是人类古代文明宝库中的一颗明珠。这两辆车埋在秦始皇陵的西侧，显然是秦始皇车马仪仗的象征。它们对于研究我国古代皇帝的舆服制度提供了十分宝贵的资料。

兵马俑博物馆经过30多年的建设，已经成为我国大型博物馆之一。它不仅有了配套的陈列设施，而且开展了多种科研和学术活动。一门分支学科——秦俑学，已在此基础上形成。由于兵马俑无与伦比的学术和艺术价值，每年到此参观的中外观众达200多万人。秦始皇陵兵马俑已与长城、故宫、周口店猿人遗址和敦煌莫高窟等古迹一起，被联合国教科文组织的世界遗产委员会宣布为“世界文化遗产保护项目”。

▲ 跪射俑。

镇馆之宝

跪射俑

陕西的兵马俑闻名世界，千人千面的兵佣神态各异。其中，位于兵马俑二号坑的跪佣更是其中的精品，他上体笔直挺立，下部是右膝、右足尖及左足抵地，三个支点呈等腰三角形支撑着上体，重心在下，增强了稳定感。甲片随着身体的扭转而流动，衣纹伴着体态的变化而曲转。种种富有韵律感的线条，烘托着人物的动态，使人物形象更有真实感。这些跪射俑的面容和神态各不相同，具有明显的个性特征。跪射俑是兵马俑中的精华，中国古代雕塑艺术的杰作，由于跪射俑高度最低，所以是兵马俑中唯一一个完好无损的兵马俑。

提起跪射俑，许多人都会说："在中国的政区图上，陕西的轮廓就像一个跪射俑。"的确如此。陕西省的地图轮廓神似兵马俑，是巧合还是天意？秦俑与陕西地图竟有这样的天作之合。可以想象理想的一幅画面：陕西的地形南北纵长，东西横宽。北山和秦岭把陕西分为三大自然区域：北部是黄土高原丘陵沟壑区，轮廓好似秦俑的头部，中部是关中平原，就像秦俑的腰部，而南部是秦巴山区，则是秦俑的双腿。所以自北向南依次勾勒的轮廓就好像一尊跪射俑，这样的巧合的确为人们游览陕西和兵马俑增添了许多趣味。

香港历史博物馆
——中国

香港历史博物馆主要展出香港的出土文物、历史图片、图画和地图等，其功能是通过购藏、修复和研究馆藏文物，以保存香港的文化遗产。

博物馆概况

香港历史博物馆于 1975 年创立，但馆中部分藏品来自 1962 年成立的大会堂博物美术馆。博物馆于1998年迁往位于尖沙咀漆咸道南的现址。香港历史博物馆的外形、色调与毗邻的科学馆互相协调，形成一个博物馆组合。

香港历史博物馆位于九龙公园内，展出香港的出土文物、历史图片、图画和地

▼ 位于九龙公园内的香港历史博物馆，使人们在公园游玩放松的同时，还可从中感知香港的过去，学习香港的历史知识。

图等，并定时举办文化活动和展出一些有关香港历史或各国珍贵的历史文物。馆内的“香港故事”展览，占地7000平方米，介绍香港历史发展。

该馆以香港自然历史和人文历史为基本陈列，重点展示了香港6000年的发展历程。陈列分三部分：（1）介绍香港的自然环境；（2）以出土文物、古代石刻及古窑址等实物反映了香港地区的人类活动；（3）展示了香港从一个小渔村发展为大都市的过程。该馆藏品分为考古、本地史、民俗史及自然历史四大类。考古类藏品中，有著名的麦兆汉神父藏品及芬戴礼神父藏品；本地史藏品中以历史图片为主，最早的图片为19世纪60年代所摄；民俗史藏品中，有中国传统的渔船模型、捕鱼装备、传统农具及日用器具；自然历史藏品主要是世界各地的岩石和矿物，以及香港常见的蝴蝶及软体动物贝壳。

香港历史博物馆的功能是通过购藏、修复和研究馆藏文物，以保存香港的文化遗产。此外，博物馆亦通过馆藏、展览和教育及推广活动，提高市民对香港历史的发展及其独特文化遗产的认识和兴趣。

博物馆收藏

博物馆收藏数量逾9万件。博物馆的藏品，除直接添购外，亦通过捐赠或实地考察采集得来，其中捐赠物品的数量正不断增加。

1. 自然历史藏品

自然历史藏品记录了香港的地质及自然生态的发展历史和演变。博物馆的自然历史藏品主要包括岩石和矿物标本、贝壳及动物标本三大类。博物馆已收藏约2800件香港岩石和矿物标本，以及超过750件在香港水域内找到的贝壳。馆藏的动物标本超过1600件，包括哺乳类动物、鸟类及蝴蝶。

2. 考古文物藏品

馆藏的考古文物主要由四批藏品组成，分别是麦兆良神父在广东海丰地区发现的文物、芬戴礼神父在南丫岛发掘的文物、李郑屋汉墓出土的58件东汉时期陪葬品，以及1976年以前香港考古学会在本港境内发掘出土的文物。这些考古藏品记录过去6000年来香港地区的人类活动，是研究香港古代史的重要材料。

3. 民俗藏品

博物馆建立了一个能反映香港不同族群传统生活习尚的藏品，包括农具、家具、农村及渔民日用器具、捕鱼装备、渔船模型等，有助于阐明及了解农民及渔民的生活方式，以及传统农业耕作方法与渔业状况。同时，馆藏的服饰已达5500多件，年代从晚清至1970年，属于不同族群、年龄，以及社会阶层人士穿着的服装及饰物。从这些文物可探知各族群的地理环境、历史发展、价值观念、神话传说、宗教信仰及风俗习惯等，有助研究本港族群的历史文化。

在搜集有关传统行业及生活用品上，博物馆已收藏850多件木偶戏用品及乐器、1500多件婚嫁及祭祀用品、各类传统行业用具及文献。这些丰富的民俗藏品皆有助于研究香港传统节庆、信仰习俗及民间工艺的发展。

4. 本地史藏品

博物馆的本地史藏品总数超过70000件，其中的历史图片和旧明信片是研究香港历史的珍贵资料，因为它们能够如实反映早期香港的生活面貌。馆藏的14000余帧历史图片，主要为二次大战以前香港街景及民生景象，而最早的图片可追溯至1860年。另外，博物馆亦收藏约19000件历史文献，包括账簿、证件、商业及政府信札和教科书等，有助于研究香港社会、经济及教育等方面的发展。

博物馆亦致力搜集本港邮品，馆藏约4000件邮品，有助于研究香港邮务发展史。同时，馆藏约5500件的钱币及钞票大多为香港历年来使用的货币，但亦涵盖广东及澳门等地的货币，借以勾寻香港与邻近地区经济发展的脉络。此外，博物馆还搜藏不少工业产品、商业用品、家具、孙中山先生本人及其家族的文物，而前港英政府各部门器物更是博物馆在1997年回归时积极搜集回来的藏品。

▲ 大阪是日本重要的海港城市，又是日本第二大经济中心，日本国家民族学博物馆就位于大阪。

日本国家民族学博物馆
——日本

日本民族学博物馆是日本民族学专门性博物馆，它以丰富的藏品著称于世，博物馆主要展示的是反映世界各地文化人类学的物品，是世界民族文化最巨大的窗口。

博物馆概况

日本国立民族学博物馆是日本著名博物馆。在大阪府吹田市日本国际博览会纪念公园内。1974 年筹建，1977 年 11 月 17 日部分开放。占地面积 40821 平方米，建筑面积 10216 平方米。

该博物馆属文部省大学学术局管辖，建制与国立大学相同，是世界各民族文化的研究机构，其研究成果通过陈列供参观外，还向大学教师和从事民族学研究的人员提供资料。所藏文物、标本、资料均由电脑储存，检索管理系统管理。

该馆收藏有世界各地区、各民族的文物、标本约 11 万件，展出约 7000 件。陈列室分成大洋洲、美洲、欧洲、非洲、西亚、东南亚、中北亚、东亚 8 个地区，介绍世界各民族的历史、文化和生活。此外，还设“世界语言文字”和“世界民族音乐”两个专题陈列室。陈列采用组合方式，展品强调露置，以增加渲染力和展出效果。

该馆设有先进的视听装置，有 37 个录像室和 3 个音响专用室，供利用的录像带有 1715 种，世界各地语言磁带有 30 种，民族音乐磁带有 151 种。

博物馆定期开展学术报告会、讨论会。出版《国立民族学博物馆研究报告》、《民博通讯》、《民博月刊》。

常设展区内有将世界按照大地域划分的地域展和以世界语言文化、民俗音乐为题材的展览。另外，博物馆还利用所开发研制的音像放送装置，通过听觉和视觉，向人们介绍世界各国民族多彩的生活习惯和多种多样的语言、音乐等。虽然它的历史很短，但它以丰富的藏品著称于世，并且利用现代高度发达的科学技术，给古老的文化注以新鲜的血液，是世界民族文化最巨大的窗口。

展厅展示

博物馆占地总面积 4 万多平方米。馆舍是一幢钢筋混凝土结构的 4 层建筑，建筑面积 1 万多平方米。一层是正门大厅、餐厅、机械室、库房；二层是陈列厅、讲演室、语音练习室、办公室；三层是电子计算机室、图书室、资料室；四层是情报分析实验室、影像实验室，动物、植物、矿物标本实验室。

该馆在 5700 多平方米的展览面积中，展出展品约 7000 件，主要参观路线 1500 米。它的陈列，就是一部用实物组成的世界范围内各民族生产生活方式的百科全书。在这里，它用以传播信息的，不仅是各民族的文物，还有各民族的音和像。它设有最现代化的图像、音响自动输出装置，建有 37 个录像室、3 个音响室；有供使用的录像带 1715 套，语音磁带 30 种，民族音乐磁带 151 种。观众可以根据荧光屏指示的文件及资料号码，按动电子计算机上相应的电钮，在荧光屏上马上就可以显示出图像，从音响设备中听到想听的声音。

这个馆共分 9 个展厅。观众从大洋洲室开始，顺序参观美洲、欧洲、非洲、西亚、东南亚、中北东亚各展厅。中间还参观音乐和语言两个展厅。这个参观路线，巧妙地安排了观众从大洋洲开始向东绕地球一周，最终到达日本。这种独具匠心的设计，让观众仿佛做了一次环球旅行，从而激起观众的激情。

参观者可以看到许多珍奇的民族文物。如：大洋洲展厅，面积 627 平方米，展出了原始居民利用贝壳、鱼骨等作为原料磨制成精巧的鱼钩和针，靠榫头制作的木帆船，用椰子壳制成的器具，用植物茎、叶、皮制成的弓箭和盾牌。非洲厅，面积536平方米，观众可以在这里看到大量具有浓厚民族特色的精美工艺品。欧洲厅，面积212平方米，可以看到法国最早酿酒使用的榨葡萄器。美洲厅，面积290平方米，可以看到智利复活节岛上的巨人石像。南太平洋雅浦岛上闻名于世的一块直径达5米的石币，也陈列在这个闻名的博物馆里。

语言厅，面积411平方米，这是一个很能使人增长见识的展厅。它用“文字”和“语言”两个部分分别作介绍。“文字”部分，可以使观众了解世界上有多少种和有哪些文字，它们之间的相互联系又是如何。这里展出有各民族的象形文字、楔形文字，也展出了中国古代各种汉字。“语言”部分，主要介绍声学和语法，它将世界上22种主要语族对某些语句的表现方法进行排比，同时观众可以按动电钮，选择想听的任何一种民族的语言。

▼ 在国立民族学博物馆的语言厅展示有世界各国的象形文字、楔形文字。图为埃及哈索尔神庙中的象形文字。

祈祷与祭祀室中，展示了大量的寿神仪式用品、面具、神像、神龛等，它们不仅表现了日本人祈祷与祭祀的风俗与仪式，还使我们对世界各地的宗教仪式有所了解。

在乐器展示室里，陈列有来自世界各地的民族乐器，形成一种世界民族文化的“大合唱”。在远古时代，音乐和人类日常生活交融在一起，以致成为人们生活不可缺少的一部分，成为人类精神、民族性格的完美体现，因而研究各民族音乐和乐器具有极为重要的意义。

日本国家民族学博物馆中还有一室专门陈列各民族遗留的日常生活用品。在古代生活中，基本的生活用品代表了他们的文明程度和民族特征，通过这些普通的生活用品，我们可以复原古代民族的生活场景。另外，在此室中，还展示有各民族的服饰。在古代，服饰不仅是取暖的一种用品，也闪烁着一种文化精神，它有着多种功能，也可以作为一种身份的标志。日本国家民族学博物馆是近些年来所建立的对世界博物馆界有影响的一个重要博物馆。

韩国民俗村
——韩国

韩国民俗村主要向人们展示了韩国人民昔日的传统生活方式，在这里人们可以了解韩国各地行将绝迹的传统饮食起居、穿着装束、建筑风格与工艺制作，乃至文化娱乐等。

博物馆概况

自20世纪60年代开始，韩国现代工业迅速发展，社会生活急剧变化。人们的生活方式日益西方化，衣着形式，饮食习惯和建筑风格日趋欧化。在这种情况下，他们建立了一座民俗村，设法在这里保留一些行将在韩国各地绝迹的传统饮食起居、穿着装束、建筑风格与工艺制作，乃至文化娱乐与民间习俗等等。

民俗村建于首尔以南40千米处的水原市，1974年10月向公众开放。村内树木成荫，河流蜿蜒。村内房屋按六种传统的类型建造：南部型、北部型、中部型、山区型、海岛型、都市型。有高级官员、地主财东的宅居；有平民百姓的一般居屋；也有贫困农家的茅屋。还有一座佛教庙宇，一间地方政府办公室，两所乡村学校。另有生产韩国传统米酒的酿酒厂与生产传统糖果的作坊。在这里的市场上可以买到传统工艺品、食物与米酒。在市场上还可能遇到一位算命先生，可以请他算个命、卜个卦。村内展品大约有3万件。19世纪时人们使用的家具、厨房器皿和工具、农具以及服饰等都有展示，也展示了一些有关韩国民俗与宗教的文献资料。

在村的中央建有露天舞台，定期在这里演出民间传统音乐、戏曲与舞蹈。逢年过节时举办民间传统形式的体育比赛，摔跤、跷跷板、放风筝等。寺庙内也不

◀ 韩国民俗村重在向人们展示韩国各地传统的饮食起居、穿着装束、建筑风格等。韩服是韩国传统文化的重要组成部分。

时举行宗教仪式。节假日在村内举办可供参观的传统婚礼仪式。村内还分别为儿童与成人备有不同的游乐设施。

总之，这座民俗村为人们展示了韩国人民昔日的传统生活方式。建立该村的宗旨就是调查、收集和研究韩民族的传统生活方式的实物资料，向参观者展示韩民族传统文化风貌，也为研究韩文化提供一个场所。同时，也是向青少年进行传统教育的一个课堂。

村落景观

韩国民俗村将韩国各地的农家民宅、寺院、贵族宅邸及官府等各式建筑聚集于此，再现朝鲜半岛 500 多年前李朝时期的人文景观和地域风情。村内有 240 座传统的建筑物，有李王朝时的“衙门”、监狱、达官贵族的宅邸、百姓的简陋房屋、店铺作坊、儿童乐园等等不一而足。民俗村内的店铺和露天集市上的商品大都是当地传统手工制品及别具风味的食品，有木质雕刻、彩绘纸扇、民族服装、彩色瓷器等。瓷器是这里的特产，有 60 余种，均有较高的保存价值。民俗村内的食品种类繁多，最受游客喜欢的是菜饼和米酒。露天场上每日定时都有精彩节目表演，如：民俗舞蹈、杂技和乡土鼓乐，热闹非凡。这里的村民穿着古代李朝时的衣着、演绎着古代村民的风俗，迎娶新娘、送亡人入土等礼仪都真实地仿照李朝时代的模样。

民俗村的规模庞大，内容丰富，看完一圈，就觉得好像是乘坐了时空列车回到了李朝时期。

▲ 新加坡历史博物馆是新加坡历史最悠久的博物馆。

新加坡历史博物馆
——新加坡

新加坡历史博物馆分为 8 个展厅，全面介绍从 12、13 世纪的淡马锡到 20 世纪八九十年代新加坡的文化、社会、政治、经济的发展历程。

博物馆概况

新加坡历史博物馆建筑物的前身是国家博物院。国家博物院成立于 1887 年 10 月 12 日，那时的国家博物院称为莱佛士博物院，莱佛士图书馆也同在一个屋檐下：楼下是图书馆，楼上是博物院。直到 1960 年博物院和图书馆才正式“分家”。而到了 1969 年，莱佛士博物院才改名为国家博物院。

初期，博物院主要以人类学、自然考古、动植物为收藏、展览及研究为重点。到了 1972 年，博物院移走所有自然科学方面的收藏，展览重点由原来的自然科学转向社会科学、建国历史和美术展览。1976年画廊开幕后，便成为本地美术家举行展览会的重要场所。自然科学方面的收藏则交由新加坡科学馆和新加坡国立大学保管。

到了1993年，国家博物院归国家文物局管辖，国家博物院也一分为三，即新加坡美术馆、亚洲文明博物馆和新加坡历史博物馆。

历史博物馆分两阶段进行翻修。增加一座行政楼，把面积增加一倍，达到4000平方米，并设立八个永久性展览厅、一个临时展览厅、一个咖啡座、一间纪念品店，在前后建筑物之间辟有盖的阳光庭院，保留儿童探索乐园，增设课室和视听室等设备。

展厅展示

新加坡历史博物馆分为8个展厅，全面介绍从12、13世纪的淡马锡到20世纪八九十年代新加坡的文化、社会、政治、经济的发展历程。

第一展览厅为新加坡缩影。这是原有展览厅的延续，不过展览内容有所提升和扩充，年代也从1965延长到八九十年代，突出建国时期的历史。

第二展览厅的重点为1819年以前的新加坡，介绍从淡马锡到新加坡王国的历史，有关考古发掘和当时海人的生活。

第三展览厅重点介绍1819—1942年殖民地时代的新加坡。内容分三大部分：殖民地政府的建设、政策和官员；多元化社会的形成及早年的生活面貌；经济的特点，介绍转口贸易发达的原因及各种族先驱人物。

第四展览厅是日治时期展览厅，重点介绍日治时期的生活，包括大检证、物资条件和经济情况，以及战后初期1945—1948的社会经济情况，以别于圣淘沙的蜡像馆和樟宜监狱的展览

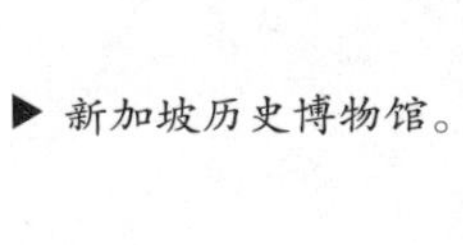
▶ 新加坡历史博物馆。

内容。

第五展览厅介绍新加坡人民为独立而斗争的经过。内容包括战后民族运动的兴起、马绍尔时代、林有福时代，以及20世纪50年代的福利工潮、学生罢课、自治和新马合并。

第六展览厅为建国之路展览厅，介绍新加坡独立初期国防、政治、经济、外交等方面的建设，以及城市的发展、环境的变迁。

第七展览厅介绍的是新加坡的经济发展，包括从转口贸易到工业化的过程、工业化政策的转变，以及金融中心的发展演变。

第八展览厅为国民意识及国家文化展览厅，介绍中西文化的冲击、融合，到国民意识及国家文化的演变，让公众反思自身的前途和文化方向。

印度国家博物馆
——印度

印度国家博物馆藏有公元前 3 世纪至今的印度不同地区和时期的各种珍贵历史文物，包括古代印度铜器、陶器、雕刻等艺术品。同时还藏有部分珍贵的外国文物。

博物馆概况

印度国家博物馆包括两座著名的博物馆，它们是加尔各答国家博物馆和新德里国家博物馆。加尔各答国家博物馆有悠久的历史、古老的传统，新德里国家博物馆则以其现代化的建筑与设备而著称，两者相得益彰，向世界人民展示了亚洲文明古国的历史、文化与传统。在这里，我们可以了解早期印度文明的兴衰交替，可以感受到佛教的巨大内蕴力以及印度教的持久生命力，同时，也可以深刻地理解植根于古老文明沃土之上的当今印度的发展。

▼ 印度国家博物馆之加尔各答博物馆。

加尔各答国家博物馆是亚洲历史上最悠久的博物馆，它的兴建是英国人之举。印度莫卧儿王国自1707年奥琅则布死后开始瓦解，在这种情况下，英国人乘虚进入印度。到17世纪，英法两国排挤葡萄牙人，成为印度的主要掠夺者。通过1756—1763年的七年战争，英国排挤了法国在印度的统治，到1773年，英国凭借其强大的财力和武力，独霸了对印度的统治，把印度沦为它的殖民地。1774年，为了研究亚洲的自然风土和艺术、历史、考古等，配合英国侵略亚洲的需要，深谙印度文化的英国高等推事威廉·笃尤斯在加尔各答创立了“孟加拉亚洲学会”。在不断的调查过程中，他们搜集到很多有关亚洲、印度的文物资料，随着这些物品的不断增加，设馆储藏成为必要。1814年，为方便“孟加拉亚洲学会”会员的各种收藏品的收藏，亚洲学会便成立了一所以“收容一切有助于了解东方民间习俗与历史，足以阐明东方自然风土与艺术特性的作品”为目的的机构，这便是加尔各答国家博物馆的前身。

1876年，英国政府将此馆交给当地政府接管，这时的博物馆已经初具规模。以后，此博物馆藏品不断丰富，馆址也不断扩建，终于发展成现在的规模。虽然，加尔各答博物馆已历两个多世纪之久，但如今它依然活力未衰，引人瞩目。

加尔各答国家博物馆为一座典型的英国式宏伟建筑，坐落在繁华的加尔各答大街上，与繁华的闹市相映成趣。它给人们提供了一个优雅、安逸的场所，人们可以在此修养身心，接受古代优良文化的熏陶。加尔各答国家博物馆外表庄严，馆内庭院花草茂密，四季飘香。内部分艺术、自然史、民俗及人类学等部门，各种收藏物品数量丰富、珍贵。其中，最珍贵的要数以神像为主的雕刻、绘画艺术品。这里有阿育王时期的石柱柱头狮子，公元前的男女神像以及如意树等珍贵文物、英国爵士康宁汉发掘的著名的巴尔户得的栏楯也陈列其中；这里还展示有印度西北部犍陀罗佛像雕刻艺术以及后起的具有印度本土风格的马朱拉神像雕刻。除佛教雕刻外，还有许多耆那教与印度教的艺术品。同时，加尔各答博物馆中收藏的古代钱币，色彩缤纷的染织品以及莫卧儿时期的纤细画等都相当珍贵。

新德里国家博物馆是一座现代化的博物馆，它于1949年8月成立，1960年12月建成新馆，位于贯穿新德里的王家大道中央南侧，并附有一分馆——亚洲古物博物馆。虽然建馆时间很短，但经过工作人员和国家机构的共同努力，其藏品不断丰富，很多稀世杰作珍藏其中，成为世界的著名博物馆之一。

新德里国家博物馆是一座三层楼建筑，雄伟挺拔，主要储存和展示印度史前时代的遗物，佛教与印度教艺术品以及染织品和大量古钱币。其中，斯坦因从中国窃去的许多文物展示于分馆内。进入博物馆，你可以看到古代印度摩亨·佐达罗和巴哈拉遗址上的遗物，也可以欣赏到大量的佛教及印度教雕刻艺术，那些印度教雕刻生动活泼、充满活力，与其他神像雕刻的庄重严肃形成不同格调，你还可以欣赏到阿姜塔石窑的大量临摹壁画。此外，新德里博物馆还陈列有中国、尼泊尔等其他亚洲国家的物品。

博物馆馆藏

在印度国家博物馆中藏有较多的中国敦煌文物，这些文物主要得于英国考古学家斯坦因的收藏。斯坦因的中国之行，不但盗去大量敦煌文物，而且还发掘了中国古城米兰、楼兰、吐鲁番等遗址，发现了不少文物。在古城米兰挖掘出几座佛教寺庙遗址，并发现了色彩艳丽的壁画。在印度国家博物馆中有《佛陀与比丘》、《扛抬大花轿的童子》等壁画。这些壁画有相当高的考古价值，从壁画图像来看，里面有印度艺术的影响，有中国思想的融汇，也有某些希腊艺术风格的特征，这些壁画充分表明了当时中西文化交流的发达，这些壁画作品是中西文化交流的结晶。在博物馆中，还有出土自吐鲁番的精美绢画和帛画，这些画的大多数内容是描写中国远古神话和信仰，最有名的两幅为《伏羲与女娲》、《死后的飨宴》。

镇馆之宝

裸体舞女像

裸体舞女像属于公元前 2000

▶ 保存于博物馆的珍贵的醉酒药叉女石刻。

年时的作品。这是一件从莫恒卓·达罗出土的青铜舞蹈演员像，它属于印度河文明时期。这件小雕像高约 11.4 厘米，全身裸体，佩有颈饰和精巧和臂镯。这个舞女的右臂支于腰际，左臂自然地前垂着，左腿稍稍抬起，就像一个熟练的舞蹈演员在舞罢间歇中的姿态。从脸型上看，她具有土著民族的风貌。她的头略微抬起，展示出舞蹈家正陶醉于自己的艺术时的情绪。她身材细长，胸乳与肢体结构不明朗，缺少曲线，仅以动态见胜。

《伏羲与女娲》

描写传说中中国祖先的情况，在这幅绢画中，伏羲和女娲下半身被描写为蛇身，两人的下半身紧密地缠绕在一起，似在象征生育万物大地；上半身描绘成典型的中国传统形象，两人双臂合一，伏羲左手扬起曲尺，女娲右臂举起圆规，周围有日月星辰环绕，这寓示着他们在冥冥之中创造养育万物，并掌握着人们生活的秩序和途径。

《死后的飨宴》

主要描写死者来世生活的理想场景，体现了古代的灵魂不死、轮回转世的思想。

▼ 印度是佛的国度，佛陀是众人心中的圣者。

印度国家博物馆中储藏的中国文物，最珍贵的是敦煌文物，这里藏有大量中唐到五代、宋初的绘画作品，内容涉及佛陀像、佛传以及诸天部立像。

《菩萨立像》

作品线条流畅、清晰，色彩鲜明，菩萨面容秀丽、慈祥、典雅，头上有象征法力的光环，衣着华丽、衣褶流畅飘逸，如行云流水，超脱尘世。

《药师净土图》

此作品充分发挥想象力，以亭台楼阁的装饰表现出宏阔的仙境气势。

还有几幅佛传图也相当有艺术性，除描绘佛陀自幼到涅槃的经过外，更主要的是其描绘的艺术风格鲜明，每幅画中都配以仙境般的山水景物，情景交融，颇具宋代山水画的意境。这些绘画作品无论对研究中国佛教艺术还是研究中国绘画都有极为重要的意义。